ELE Paulo Maluf, TRAJETÓRIA DA AUDÁCIA

Paulo Maluf

ELE Paulo Maluf, TRAJETÓRIA DA AUDÁCIA

Depoimento a
TÃO GOMES PINTO

Ediouro

Editor Associado: A.P. Quartim de Moraes
Pesquisa: Debora Peres
Preparação: Márcia Duarte Companhone
Revisão: Wilson Ryoji Imoto
Fotos: Acervo pessoal de Paulo Maluf
Capa: Ana Dobón (sobre foto do acervo pessoal de Paulo Maluf)
Projeto gráfico e diagramação: Vivian Valli

Dados Internacionais de Catalogação na Publicação (CIP)
(Câmara Brasileira do Livro, SP, Brasil)

Maluf, Paulo
Ele, Paulo Maluf, trajetória da audácia / em depoimento a Tão Gomes Pinto. - São Paulo : Ediouro, 2008.

ISBN 978-85-00-02401-6

1. Brasil – Política e governo 2. Maluf, Paulo
3. Políticos – Autobiografia I. Pinto, Tão Gomes II. Título.

08-03818 CDD: 320.0981

Índice para catálogo sistemático:
1. Brasil : Políticos : Autobiografia 320.0981

Este livro, composto em Adobe Garamond Pro, foi impresso pela Edigraf sobre papel Offset 75g em junho de 2008.

R. Nova Jerusalém, 345 - Bonsucesso
Rio de Janeiro - RJ - CEP: 21042-235
Tel.: (21) 3882-8200 - Fax: (21) 3882-8212/8313
www.ediouro.com.br

Ao Conde de Oeiras.

SUMÁRIO

APRESENTAÇÃO

Era o dia seguinte ao da chamada "redemocratização" do Brasil, dia 16 de janeiro de 1985. A cena é descrita com detalhes no livro *O complô que elegeu Tancredo*,[1] cujo título mais adequado, como demonstro ao longo deste livro, deveria ser "O complô que derrotou Maluf".

Nada contra o livro, um excelente trabalho de apuração e pesquisa feito por cinco dos melhores jornalistas que militavam em postos-chave da imprensa de Brasília. O leitor até quase consegue visualizar a pressa das faxineiras na retirada dos cartazes com o rosto de Maluf, espalhados por todo um andar do Hotel San Marco, em Brasília. Retiravam das paredes uma ilusão.

Varriam dali, rápidas no trabalho para abrigar novos hóspedes, os últimos vestígios da candidatura de Paulo Maluf à Presidência da República. Entre eles, a cadeira de balanço do chamado "professor" Heitor Aquino Ferreira, que o acompanhava (a cadeira) desde os tempos em que fora secretário particular dos presidentes Geisel e Figueiredo. Recolhiam ainda os últimos papéis do coordenador da campanha, Calim Eid. Cadeira e papéis eram empilhados num canto para a remoção imediata.

1. Gilberto Dimenstein et al., *O complô que elegeu Tancredo* (Rio de Janeiro: JB, 1985), p. 26.

Era o fim de um sonho de Paulo Maluf. Um sonho que esteve muito perto de se realizar. O de tornar-se o primeiro presidente civil do Brasil desde 1964, quando o país passou a ser governado por militares. Esse sonho acabaria sendo adiado talvez para sempre por uma notável (considerados os resultados a curto prazo) armação política que tinha como objetivo imediato eleger Tancredo Neves, candidato da oposição, ainda que fosse através do repudiado Colégio Eleitoral.

No médio e longo prazos, a tessitura bordada com lances de mestre por vários talentos da costura política resultaria num furo n'água. O delicado trabalho dos "costureiros", que envolveu bordadeiras de alto coturno, nomes hoje consagrados pela história como agentes civis da redemocratização, acabaria num interminável processo de transição democrática que ainda hoje, vinte anos depois, não se livrou de vícios que parecem inerentes à atividade no Brasil.

Antes, a política subordinava-se a supostos interesses do grupo militar e a um medo-pânico do comunismo, estimulado, diga-se, pelos próprios militares. Hoje essa atividade se submete, rastejante, aos interesses econômicos e financeiros. Sejam grandes ou pequenos, não importa. Enfim, a tão ambicionada "redemocratização" foi atingida. Pena que tenha se transformado em corrupção generalizada.

No curto prazo, "o complô para derrotar Maluf " – tido como candidato dos militares – resultou numa ironia tipicamente brasileira: o eleito acabaria sendo José Sarney, até as vésperas da eleição presidente do partido criado para apoiar o governo dos generais. "E um dos chefes do suporte político dos militares", acrescenta hoje Maluf.

Maluf poderia acrescentar uma série de outros importantíssimos suportes políticos do governo militar: Antonio Carlos Magalhães, o homem que falava grosso, símbolo maior do antigo PFL (Partido da Frente Liberal), atual DEM (Democratas), partido que tem fama de nunca se afastar do poder – só abandonou as cercanias palacianas agora, no governo Lula. Ou Marco Maciel, hábil nas amarrações feitas entre sussurros. Ou mesmo de personagens que funcionavam nos bastidores. O exemplo acabado desse tipo de figurante foi o chefe da Casa Civil de Figueiredo, Leitão de Abreu.

Sarney deveria sofrer até mesmo restrições por parte de alguns setores militares. O último presidente do ciclo dos generais, que durou vinte anos, João Baptista Figueiredo, mal o tolerava. Lembro-me perfeitamente do dia em que, apontado como nome líquido e certo para ocupar o Ministério da Justiça, fora perseguido por uma chusma de repórteres nos corredores do Congresso Nacional, todos à cata das primeiras palavras do futuro ministro. Simultaneamente, numa reunião no Palácio do Planalto, a cúpula do governo decidia, para surpresa geral, que o futuro ministro da Justiça seria Ibrahim Abi-Ackel, um nome muito mais próximo de Maluf, não se chamasse Abi-Ackel. Sarney apenas foi escolhido pelo que poderia ser chamado de "destino" – se é que ele existe, o destino – para ser o vice de Tancredo Neves na eleição indireta que resultou na derrota de Maluf.

Essa eleição presidencial indireta, curiosamente precedida de uma mobilização popular jamais vista na História do Brasil pelas eleições diretas, marcou definitivamente a carreira e a vida de Paulo Maluf. Não é verdade que ele tenha sido, como se diz, "candidato dos militares". Os militares na época eram simbolizados pelo general de plantão, João Baptista Figueiredo. E o presidente Figueiredo repetia, em reuniões com ministros, que "esse turco não se sentará na minha cadeira", seguido de um palavrão. Delfim Netto, então ministro da Fazenda, ouviu isso mais de uma vez da ilustre boca presidencial. E contava a Maluf. Dezenas de políticos também ouviram. O livro *O complô para eleger Tancredo* registra essa frase e sua constante repetição.[2]

---

2. Op. cit., p.15.

Portanto, Maluf não era o candidato do general de plantão. Seria, porventura, o candidato da chamada "linha dura", os sempre reticentes militares que resistiram durante 21 anos às propostas de diálogo e de distensão com o argumento de que havia uma ameaça esquerdista pairando sobre o país? Também não. Modo geral, eles eram chamados de *troupiers*. Ou seja, homens da tropa.

Os militares mais esclarecidos – sintomaticamente reconhecidos como "a Sorbonne" – remavam, não sem arrostar esforços e perigos, na direção apontada pelo presidente Ernesto Geisel e seu chefe da Casa Civil, general Golbery do Couto e Silva. Ambos perceberam que a certa altura a população se cansara de generais presidentes. Procuravam uma saída para o túnel escuro em que o regime se metera. A tal "luz no fim do túnel". Esse grupo foi saindo do governo a partir dos sinais de que a "linha dura" estava esticando a corda. Esticou tanto até chegar à bomba que explodiu no Riocentro. Era evidente a falta de autoridade do então presidente Figueiredo para apurar e punir os responsáveis pelo atentado. Era a submissão do governo aos "porões" onde supostos comunistas e simpatizantes continuavam sendo torturados e eventualmente assassinados.

Do grupo que abandonava o poder – no caso o Palácio do Planalto – fazia parte o "professor" Heitor Ferreira, que havia muito se demitira do Exército (não pediu baixa, simplesmente demitiu-se), embora a imprensa insistisse em chamá-lo de "major". Além, naturalmente, do próprio Golbery. Ambos viriam a trabalhar pela candidatura de Maluf. Heitor deixou a comodidade e as mordomias de um cargo nos escritórios da Interbras, em Paris, para engajar-se de corpo e alma na campanha. Golbery respaldava a candidatura. Esses foram os "militares" da candidatura Maluf. Os que propugnavam exatamente o fim da série de generais presidentes.

Heitor Ferreira foi um dos inspiradores deste livro. Leu, em primeira mão, alguns capítulos. No último dia 2 de março, conversamos sobre o personagem Maluf. Falamos dele longamente. Heitor explicou-me, pela enésima vez, que sua opção por Paulo Maluf vinha da constatação de que ele era um político com visão e atuação de homem público. Aliás, nesse aspecto, era um dos poucos dessa espécie existentes no país. E que seria considerado um homem público na França, na Inglaterra, nos Estados Unidos, enfim em qualquer país civilizado.

Lembrou – o que é rigorosamente verdadeiro – que no Brasil nenhum político sofrera tantas ofensas. A ponto de qualquer reporterzinho que se aproximasse dele se sentir obrigado a cutucá-lo com alguma pergunta provocadora. Era uma espécie de dever de ofício da mídia tupiniquim. Com o livro, Maluf teria o espaço que a mídia sistematicamente lhe negava.

Na nossa conversa sobre Maluf, Heitor fez questão de lembrar que ele era um homem muito rico: "Poderia passar a vida num iate, navegando no Mediterrâneo. Aliás, era o que eu teria feito se fosse ele. Mas ele tinha o tal espírito do homem público...".

Havia finalmente a minha própria curiosidade – embora morando muitos anos em São Paulo, nunca tive intimidade com Paulo Maluf. Ocupava-me mais dos assuntos nacionais em função dos cargos que exercia, mantendo sempre um profilático distanciamento das paixões e especialmente das variadas "ideologias" ou "doutrinas" disponíveis no momento. Sejam as "ortodoxas" ou especialmente as que a maioria dos militares generalizava chamando-as de "exóticas".

Essa maneira de ver o mundo penso que trouxe da minha criação, e foi às vezes confundida com tolerância. Se é assim, aperfeiçoei essa minha natureza principalmente graças ao período – quase oito anos – em que trabalhei na *IstoÉ*, criação do jornalista Mino Carta, uma revista de oposição ao regime, que abriu espaço para o aparecimento de um até então desconhecido líder metalúrgico, Luiz Inácio da Silva. E ao mesmo tempo *IstoÉ* apostava todas as fichas no projeto de abertura da dupla Geisel-Golbery.

Ou, seria melhor dizer, do projeto da dupla Golbery-Heitor, já que o presidente tinha preocupantes recaídas "endurecedoras". E também dava, às vezes, indícios de que poderia ceder às pressões vindas dos "porões", ou seja, daqueles militares que patrocinavam a "anarquia" no meio, como bem definiu o jornalista Elio Gaspari na sua série sobre a ditadura.[3]

Foi com certeza graças a essa maneira isenta e não sectária de pensar e agir que cheguei a ser convidado por Roberto Gusmão, um dos principais bordadores da candidatura Tancredo pela via indireta, para a Secretaria de Imprensa do segundo ano do governo Franco Montoro. O ano crucial da campanha das Diretas Já e da vitória da oposição no Colégio Eleitoral. Uma das minhas missões era exatamente conter os rompantes de saudosismo malufista dos chamados "setoristas" do Palácio dos Bandeirantes, que sistematicamente criticavam Montoro.

Gusmão certamente sabia das minhas visitas constantes ao gabinete de Heitor Ferreira, então secretário do presidente Figueiredo. Ao ser confirmado no cargo por Gusmão, uma das minhas providências foi ligar para Heitor. Disse-lhe, tentando ganhar tempo e enrolar a conversa, que estava sendo convidado pelo Gusmão. No ato, ele retrucou: "Pelo tom de voz você já aceitou".

E como costurava bem esse Gusmão! Depois da posse que não houve de Tancredo – o empossado foi Sarney –, me levou como seu assessor para o Ministério da Indústria e do Comércio. A fatia que recebeu no governo "redemocratizado" foi pequena, a meu ver. Pela importância de seu papel nas articulações pró-Tancredo, ele mereceria ser o chefe da Casa Civil. Mas Tancredo optou por José Hugo Castelo Branco. Devia ter suas razões. Zé Hugo, como o chamavam, entre outras habilitações, fazia o imposto de renda de Tancredo.

3. Referência aos livros *A ditadura envergonhada*, v. 1 (2002); *A ditadura escancarada*, v. 2 (2002); *A ditadura derrotada*, v. 3 (2003); e *A ditadura encurralada*, v. 4 (2004), publicados pela Companhia das Letras.

Ainda me recordo que Roberto Gusmão foi recebido pela imprensa da Capital Federal como "representante do patronato paulista". Um dos equívocos comuns da mídia. O representante do patronato paulista nascera em Minas Gerais. Era diretor da Cervejaria Antarctica, precursora da ultracontemporânea Ambev. Na juventude, em Minas, participou do Partido Socialista e da campanha "O petróleo é nosso". Roberto Gusmão chegou a presidente da União Nacional dos Estudantes, a UNE, tida como organização filocomunista. É um craque. Pelo menos foi durante a campanha que elegeu Tancredo.

Esse meu envolvimento com Montoro, Gusmão e sua equipe não impediu de, mais tarde, ser sondado por Calim Eid – e ter declinado – para assessorar Maluf numa de suas campanhas. Numa das que ele venceu. Não posso dizer que fosse íntimo de Calim, mas aprendi a respeitá-lo. Almoçávamos com freqüência no Galeto's da avenida Faria Lima, ocasião em que descobri que ele era consogro do Roberto Gusmão. Esse mundo é mesmo pequeno. O fato é que, apesar do convite de Calim, preferi continuar onde estava, em Campinas, como assessor do prefeito Jacó Bittar.

Com o muito querido Jacó – amigos para sempre, como diz aquele bolero – iria aperfeiçoar, entre outros valores, a grande compreensão pelas fraquezas humanas. Aprendi muito com Jacó Bittar, aquele mesmo que, ao lado de Lula e Luiz Gushiken, lançou as bases sindicais para o surgimento do PT e poderia se orgulhar, se fosse do seu feitio, de ter sido o primeiro e único sindicalista a parar a Refinaria de Paulínia.

Anos depois iria entender um pouco mais de refinaria, petróleo, eletricidade de modo geral, trabalhando com o senador Delcídio Amaral, reconhecido por todos como um grande especialista em energia e hoje muito próximo da ministra Dilma Rousseff, apesar de sofrer resistências absurdas e incompreensíveis dentro do seu próprio partido, o PT, em função da sua atuação isenta e competente na célebre CPI dos Correios.

E mais uma coincidência, para mostrar o tamanho reduzido do nosso mundinho: Delcídio é nascido no Pantanal de Mato Grosso do Sul, terra onde meus avós foram desbravadores junto com a família do senador, eles no Pantanal do Jacadigo, meus avós e bisavós no Pantanal da Nhecolândia.

Com Paulo Maluf propriamente nunca tinha tido maior proximidade. Apenas admirava sua capacidade de dividir as opiniões entre os que eram malufistas até a medula e os que o rejeitavam de forma absoluta. Maluf estimulava minha curiosidade de jornalista. Agora, no contato mais próximo para fazer este livro, descobri logo sua maior paixão.

A principal delas, um orgulho imenso, quase uma obsessão: as obras que construiu. Revirando os arquivos do seu escritório – quase duas toneladas de papel na rua Bandeira Paulista –, localizamos dezenas de fotos, algumas já amarelecidas pelo tempo, de suas realizações nas duas gestões como prefeito de São Paulo, no período em que ocupou a Secretaria de Transportes de Laudo Natel e quando foi governador. Maluf tirava os óculos para examinar uma a uma, como se as observasse com uma lupa imaginária, cerca de 200 fotos de avenidas, pontes, rodovias, usinas hidrelétricas, etc. construídas por ele. Descobria ali verdadeiros "tesouros".

Como, por exemplo, o Tobogã do Estádio do Pacaembu, obra da sua primeira gestão como prefeito. A cada preciosidade, virava-se para seus assessores: você sabe onde fica esse viaduto? Diante da ignorância generalizada, inclusive a minha, explicava com detalhes a localização da obra. E dava particularidade sobre a sua construção. Em alguns casos, aparentava uma irritação passageira, como ao ler na relação de obras feita pela assessoria que construíra um viaduto ligando a rua Conselheiro Furtado à rua da Glória:

– Como é possível? Um viaduto ligando duas ruas paralelas. Vocês não conhecem a cidade onde vivem?

Em tempo: nenhum dos assessores nem eu lembrávamos que o célebre Tobogã do Pacaembu fora obra de Maluf.

– É incrível, pois é uma obra minha. Fui lá duas vezes durante a construção e inaugurei numa partida do Corinthians x Cruzeiro, de Belo Horizonte, em companhia do Carlos Caldeira Filho, dono da *Folha*. Ampliei a capacidade do Pacaembu de 35 mil para 44 mil torcedores.

A irritação do engenheiro Paulo Maluf com a nossa ignorância sobre a cidade, no entanto, logo se dissipa. Ele faz algum comentário que alivia a tensão momentânea. Como quando conta que, no município de Peruíbe, encontrou um muro com uma pichação tamanho gigante e uma seta apontando para o mar. Na parede estava escrito: "Oceano Atlântico, obra de Maluf". Enfim, logo se percebe que a razão de ser da vida pública de Paulo Maluf são suas obras, não fosse ele engenheiro por vocação. Além de político, claro.

Essa fixação de Maluf explica o episódio que nenhum dos vários tratados até agora produzidos sobre o "malufismo", ou sobre o período da "redemocratização", jamais revelou. Passo a contar aqui exatamente como me foi narrado pelo próprio Maluf:

– Uma das pessoas que na minha vida pública mais me impressionavam, mesmo sem conhecê-lo, era Juscelino Kubitschek. Quando se elegeu presidente da República, eu tinha 24, 25 anos de idade. Mas era tal o entusiasmo dele, o otimismo, a sua visão de como o Brasil deveria ser, que todo dia de manhã eu corria aos jornais para ler a íntegra do que falava. Aquilo me animava. Eu tinha vontade de trabalhar mais. A vida passou. Durante o governo Geisel, em 1976, houve o desastre da Via Dutra e Juscelino faleceu. Quatro anos depois, eu era governador de São Paulo e recebi um pedido de audiência de d. Sara Kubitschek. Imediatamente concedi-lhe a audiência e ela veio com o dr. Renato Azeredo, que é pai do atual senador Eduardo Azeredo e foi governador de Minas. Estavam com ela uma de suas filhas,

Maristela, e mais um assessor cujo nome não me recordo. E d. Sara me pediu um auxílio para a construção do Memorial JK, em Brasília. Eu disse: "D. Sara, ninguém mais que Juscelino merece um memorial. Porque não é só Brasília. É Brasília, é a indústria naval, indústria automobilística, Furnas, Três Marias, a Belém/Brasília, a Brasília/Cuiabá. Ou seja, Juscelino descobriu o Centro-Oeste que o Brasil só conhecia pelo mapa. Quanto a indústria automobilística deu para o memorial?". Ela respondeu: "Dr. Maluf, a indústria automobilística toda se negou a dar qualquer contribuição porque, segundo eles, são multinacionais e não poderiam dar contribuição para homenagear um político brasileiro". Eu entendi bem. As indústrias automobilísticas provavelmente estavam com medo do general Geisel, que não tinha simpatia por Juscelino. Aí eu perguntei: "E o Francelino Pereira, governador de Minas? Quanto deu?". Ela: "Por enquanto não deu nada". Eu soube que, depois do meu gesto, ele deu 20 milhões. Pensei: "Será que o Francelino também está com medo do Geisel?". E disse: "D. Sara, quanto a senhora precisa para terminar este memorial?". Ela disse: "Governador, preciso de 50 milhões de cruzeiros". Na época devia ser uns 3 milhões de dólares. Como o dólar desvalorizou muito, seria hoje equivalente a uns 30 milhões de dólares. Eu disse a d. Sara: "Vou lhe pedir um grande favor. A senhora não vai se humilhar para mais ninguém. A viúva do Juscelino não pode, não deve, não permito que seja humilhada como está acontecendo. São Paulo vai bancar os 50 milhões para a senhora". Ela ficou na maior alegria. Mandei uma mensagem para a Assembléia Legislativa de São Paulo, mas usei um truque. Porque São Paulo só poderia investir fora do seu território se fosse autorizado por lei. E o memorial era em Brasília. O meu truque foi o seguinte: na minha exposição de motivos, eu pedia esse crédito suplementar à Assembléia Legislativa de São Paulo sob a alegação de que Juscelino tinha sido o melhor governador que São Paulo havia tido. Se quiser ver, está lá nos anais. O melhor governador que São Paulo havia tido. Não sei se os mineiros gostaram muito da minha afirmação. Mas a verdade é que foi a colocação da indústria automobilística em São Paulo, a Mercedes, a Volkswagen, a General Motors, a Ford, a Scania Vabis, que deu grande impulso ao Estado de São Paulo e principalmente à região do ABCD. Depois de dois anos fui na inauguração do memorial. Foi presidida pelo presidente João Baptista Figueiredo e eu fui no carro do ministro da Justiça, Ibrahim Abi-Ackel, atrás do carro que levava Figueiredo e d. Sara.

Na sua carreira política, Maluf foi sempre vidraça, nunca estilingue. Contra essa vidraça foram atirados equívocos que passaram a incorporar sua figura como se fossem verdadeiros. Por exemplo, quando aceitou o convite para uma palestra numa universidade de Ribeirão Preto e foi apresentado por um professor aos alunos como o paradigma de um governo autoritário, de inspiração fascista, responsável, entre outras ações, pela célebre invasão da PUC (Pontifícia Universidade Católica), em São Paulo.

Paciente, Maluf ouviu toda a demagógica arenga do professor e assim que tomou a palavra disse: "Eu pensava que o maior defeito do jornalista era ser um profissional mal informado. Agora estou descobrindo que o maior risco da profissão é ter um professor de jornalismo mal informado. A invasão da PUC aconteceu no governo Paulo Egydio Martins, em 1977, e foi comandada pelo então secretário de Segurança Pública, o coronel Erasmo Dias". Aliás, com freqüência, a mídia inventa façanhas que Maluf e Erasmo Dias fizeram juntos.

Impossível! Erasmo, como vimos, foi secretário do governo Paulo Egydio, tido como liberal. O secretário de Segurança de Paulo Maluf foi o desembargador Otávio Gonzaga Junior. Diga-se que Paulo Maluf foi o primeiro governador pós-64 que teve a ousadia de nomear um civil para um cargo que, supunha-se, exigia formação militar.

Confusões e avaliações discutíveis têm sido constantes na "vida pública" de Paulo Maluf. Recentemente, por exemplo, no livro *Código da vida*, um calhamaço delicioso de ler – daí ter se transformado em *best-seller* –, o ex-ministro da Justiça Saulo Ramos afirma que Maluf foi introduzido na política pelas mãos de Costa e Silva. E acrescenta um episódio pitoresco e inédito. O discurso de posse do presidente Costa e Silva foi redigido pelo então chefe de Saulo, o consagrado jurista Vicente Rao, a quem o autor presta longas e justíssimas homenagens, inclusive afirmando ter sido o maior jurista do Brasil e dotado de extraordinário espírito democrático.

Saulo conta que, assistindo à transmissão do discurso do presidente pela TV, o autor do texto, a cada interrupção para aplausos, levantava-se da poltrona e agradecia à platéia imaginária. Antes do episódio, Saulo Ramos lembra que Costa e Silva e Vicente Rao eram grandes amigos.[4]

O fato de ter sido amigo de Costa e Silva não pesou na vida de Vicente Rao nem no seu espírito democrático. Já o fato de a mãe de sua cunhada ter sido vizinha do então comandante da 2ª Divisão do Exército, e eventualmente almoçarem juntos d. Yolanda Costa e Silva, o general, Paulo e Sylvia Maluf e sua mãe, d. Maria, teria um peso diferente. Funcionaria como um dado infamante na carreira de Maluf.

No dia 13 de maio de 2007, Maluf completou 40 anos de vida pública. Depois de tantos anos, a mídia começou a dar sinais de mudança no trato com ele. Recentemente a revista *Época* lhe destinou duas páginas nas quais ele responde a perguntas de leitores de todo o país e até de um leitor dos Estados Unidos. A revista *Piauí*, considerada a última palavra em matéria de publicação *cult*, abriu três páginas para Maluf falar de outra de suas paixões: os automóveis.

Sem mencionar escândalos ou denúncias, a revista, um

---

4. Saulo Ramos, *Código da vida* (São Paulo: Planeta, 2007), pp. 30-1.

texto excelente de Roberto Kaz ("Nas curvas com Maluf"), descreve um teste-drive realizado no autódromo Nelson Piquet, em Brasília. Maluf dá um show de pilotagem a 140 km por hora. A reportagem fala dos seus carros, lembra o Rolls-Royce que d. Maria usava quando saía às compras, o seu primeiro carro, aos 18 anos, um Jaguar vermelho, e diz que Maluf fala com propriedade e imodéstia quando o assunto é mecânica. Provocado por Kaz, Maluf revela seu amor pela velocidade e diz que sua paixão por carros rápidos reflete uma obsessão:

– Tudo o que faço na vida tem de ter velocidade. Se uma ponte minha está prevista para ser construída em um ano e a obra dura um ano e dois meses, o secretário é demitido. Tenho no meu caráter o problema da precisão.

É incrível o vigor desse homem de 76 anos. Até seus adversários reconhecem essa disposição incomum para o trabalho. Seus assessores lembram que depois de ter sofrido um tombo quando praticava hipismo, que lhe custou uma fratura da bacia, foi inaugurar uma estação de metrô em cadeira de rodas. Na época Maluf submetia-se a sessões diárias de fisioterapia baseadas em alongamento. Quem já fez sabe das dores horríveis que esse tratamento provoca. Maluf suportava o tratamento sem dar um ai.

São inúmeras as "aventuras" relatadas por seus assessores que o acompanharam nas extenuantes viagens ao interior durante as campanhas. Numa delas, Roque Carneiro, recém-chegado de um *tour* de 40 horas entrando e saindo de um automóvel, assim que entrou em casa, começou a passar mal. Desmaiou, foi removido para um hospital e internado. Quando abriu os olhos, quem estava ao seu lado? Paulo Maluf, 15 anos mais velho do que ele, firme como uma rocha. Do alto da sua autoridade, determinou: "Vamos removê-lo para o Incor". Roque estava enfartando.

Finalmente, um esclarecimento necessário:

Este livro não se propõe a ser exatamente uma biografia. É o relato de uma importante e controvertida trajetória política, de irrecusável relevância histórica, feito do ponto de vista do próprio personagem. Um personagem que, num momento muito especial, dividiu o país. Ainda hoje Paulo Maluf é capaz de despertar amor e ódio.

O escritor Sheridan Morley, crítico de teatro e editor de arte da revista inglesa *Punch*, responsável por uma série de textos sobre personalidades, escreveu que a função do biógrafo não é reescrever memórias já existentes à luz de adicionais evidências externas, mas sim começar desde o começo, como se não existissem essas obras, muitas vezes parciais e sectárias. É o que tentaremos fazer, sempre reproduzindo o ponto de vista do biografado e sempre nos fixando preferencialmente na sua vida pública, que deveria ser o que mais interessa. Quando uma opinião ou um relato pessoal do autor for emitido, isso estará claramente indicado.

Carlinhos Brickmann, jornalista que foi assessor do candidato durante uma de suas campanhas vitoriosas, explicou, no seu peculiar estilo irreverente, que, diante do enorme volume de acusações que lhe são feitas, Maluf não conseguiria provar sua inocência durante uma campanha eleitoral: "O tempo seria curto". Maluf também diz que não pretende provar nada com este livro. Deseja apenas ter a oportunidade de contar o que fez, dizer o que pensa, mostrar-se como realmente é.

– Às acusações que me fizeram, e fazem, eu respondo na Justiça. São falsas, como o tempo tem provado.

T.G.P., abril de 2008

CAPÍTULO I

OS CEDROS DO LÍBANO

Embora o "mundo árabe" seja formado por 21 países, quando se fala em família árabe no Brasil, a referência é principalmente àquelas que vieram da Síria ou do Líbano. E acabaram vítimas de um grande equívoco histórico-geográfico. Os imigrantes de origem árabe costumavam ser registrados como "turcos" em função do passaporte. Antes da Primeira Guerra Mundial, quem nascia no Oriente Médio tinha no seu passaporte o carimbo "turco", qualquer que fosse sua origem ou religião.

A Turquia começou a se expandir em 1453, quando Mehmet, o Conquistador, capturou Constantinopla e pôs fim ao Império Bizantino. Criava-se um novo império, o Otomano, que conquistou a maior parte da Europa Oriental e quase todo o mundo árabe. O Império Otomano teve seu apogeu com Sulayman, o Magnífico, cujas tropas alcançaram e dominaram a Hungria e a Áustria.

Seis séculos durou o Império Otomano. A partir do século XVIII, sua decadência começou a se manifestar. As regiões européias sob seu domínio foram se tornando independentes: Grécia, Sérvia, Bulgária, etc. O Egito libertou-se também e reorganizou sua estrutura administrativa em moldes ocidentais. O país obteve a independência com o apoio britânico e conquistou o Sudão.

A França conquistou a Argélia e estabeleceu um protetorado em Túnis e Marrocos. A Itália conquistou a Tripolitânia. As províncias orientais do Império Otomano desmembraram-se. A Índia, parcialmente islamizada, foi dominada pelo Reino Unido no século XIX, e o Irã sofreu invasões de russos e britânicos. Após a Primeira Guerra Mundial, os nacionalismos islâmicos se acentuaram e a Turquia passou por profunda transformação, convertendo-se em república.

Até o século XIX, o já decadente Império Otomano ainda dominava a Síria, o Líbano, a Palestina (hoje Israel), a Jordânia, o Iraque, a Arábia Saudita e a região dos Emirados Árabes. Era o exemplo acabado de um estado multiétnico, com turcos, eslavos, gregos, armênios, árabes, sírios, libaneses, curdos etc. que ainda hoje são muito diferentes.

Declinou rapidamente ao longo do século XIX e terminou por ser dissolvido após a Primeira Grande Guerra. O governo desmoronou e o seu território foi partilhado. Em 1922, a Síria e o Líbano tornaram-se oficialmente protetorado francês. A Palestina, proterorado inglês. O Iraque foi criado artificialmente pela Inglaterra, que durante décadas administrou a hoje conflituosa convivência entre xiitas, sunitas e curdos.

Os norte-americanos, que pareciam os mais desinteressados, ficaram tomando conta dos imensos areais da Arábia Saudita. O que daria a eles o controle das maiores reservas de petróleo do mundo – produção: quase 11 milhões de barris/dia – fora a dos EUA.

A maior parte dos imigrantes sírio-libaneses que vieram para o Brasil estava disposta a trabalhar com o que fosse preciso para enriquecer. Esse desejo esteve presente durante todos os movimentos de adaptação de construção da sua vida neste país. No início, os imigrantes eram na maioria cristãos, principalmente libaneses e sírios. Vinham fugidos dos conflitos religiosos e por conta própria.[1]

1. A Embaixada do Líbano no Brasil garante que há pelo menos um representante

Nesse aspecto a imigração árabe diferenciou-se. Foi espontânea, sem nenhuma participação direta do governo ou outras forças. Convém lembrar que não seria possível que os governos dos países árabes participassem de algum acordo, uma vez que seus estados não eram ainda soberanos.

Os primeiros imigrantes dessa leva ficaram conhecidos como mascates. Procuravam um comerciante ou fabricante de bugigangas, que lhes dava uma caixa com pentes, vidros de perfume, etc., e iam vender nos arredores das cidades e nas fazendas. Desde as primeiras levas, o imigrante considerava definitiva sua vinda para o Brasil. O retorno à terra natal não estava nos planos.

Nessa época, também, muitos jovens que não queriam servir no exército otomano vieram para o Brasil. Para eles, servir o exército turco era uma ação indigna e lhes restava a emigração. Muitos outros vieram por motivos políticos e perseguições religiosas. Com a vinda desses jovens instruídos e de outros imigrantes com novas idéias, a figura do mascate vai sendo substituída. Era um trabalho excessivamente áspero.

Salim Farah Maluf veio para o Brasil em 1910, com 17 anos, ainda no período de sujeição do Líbano ao já esfacelado Império Otomano. Deixou para trás as imagens dos bosques cobertos pelos imponentes cedros, árvore-símbolo do país. Não poderia adivinhar que seu destino estaria ligado à madeira e que se tornaria proprietário da maior serraria da América Latina, a Serraria Americana Salim F. Maluf S/A .

Alguns anos depois um irmão de Salim, Nagib, também viria para o Brasil. Um irmão, Barakat, foi morar em Boston,

---

da colônia em cada um dos mais de 5 mil municípios do país. Marcam presença em todas as esferas da vida nacional e em determinados nichos ganham destaque especial. Na política e na medicina, a proliferação de sobrenomes árabes é tão intensa que chega a ser intrigante. A história recente do Líbano é marcada por guerras e conflitos, fatores que pesaram na imigração de volume excepcional. O Líbano tem uma população de 4 milhões de habitantes e o número de libaneses e seus descendentes fora do país é de 13 milhões. Quase metade destes no Brasil.

nos EUA. Outro irmão, Ibrahim, médico, fugiu para Bagdá. Naquela época vivia-se em segurança em Bagdá, sob o controle inglês. O dr. Ibrahim acabaria se transformando em médico da família real iraquiana até o assassinato do então jovem rei Faiçal II, em 1958, que resultou no fim definitivo do regime de monarquia tutelada no Iraque.

No Brasil, afastado definitivamente dos longínquos problemas políticos do Oriente Médio, o imigrante Salim revelava uma vontade determinada, quase alucinada de progredir. Especializou-se num ramo específico de negócio. Afinal, além da vontade de vencer na vida, que o movia, Salim trouxe para o Brasil conhecimentos que estabeleceriam, principalmente em São Paulo, aquilo que o historiador Warren Dean chama no seu livro *A industrialização de São Paulo – 1880–1945*[2] de "uma estrutura de classe média pré-fabricada".[3]

Todos os dias ele pegava uma carroça puxada a burro e ia na firma Ernesto Dias de Castro, na rua Barão de Limeira, hoje região central de São Paulo, nos Campos Elíseos, mas que antigamente era um bairro distante chamado Barra Funda. Ali comprava uma barrica de cimento. Cada barrica pesava 200 quilos. O Brasil não produzia cimento. Era importado, geralmente da Bélgica. E Salim puxava a carroça e seus burros até Santo

---

2. Trad. Octávio Mendes Cajado. Coleção Corpo e Alma do Brasil, v. 33 (Rio de Janeiro: Bertrand Brasil, 1991).

3. Com o "comércio no sangue" desde gerações imemoriais, os imigrantes iam atrás de fregueses, de oportunidades. Ou mercado, como se diria hoje. Operaram uma revolução no comércio popular, com novidades como vendas a crédito, redução da margem de lucro compensada pela quantidade, alta rotatividade de estoque etc. O passo seguinte seria dedicar-se à industrialização. As grandes fortunas de imigrantes libaneses das décadas de 1940 e 1950 eram justamente das famílias que trilharam pioneiramente o trajeto mascate–comerciante–industrial. Em 1907, das 315 firmas de donos sírios ou libaneses em São Paulo, cerca de 80% eram lojas de tecidos ou armarinhos. Em 1930, eram proprietários de 468 dos 800 estabelecimentos de tecidos e confecções, de seis das dez fábricas de camisas, de 14 das 48 fábricas de roupas brancas. Entre as décadas de 1940 e 1950, o número de comerciantes varejistas diminuiu, o de atacadistas dobrou e o de industriais quintuplicou.

Amaro. Viajava – a ida do centro de São Paulo até Santo Amaro era uma verdadeira viagem – pela então chamada "estrada de Santo Amaro", um caminho de terra, poeirento na seca e enlameado no período de chuvas.

Em dias normais, Salim e sua carrocinha levavam 12, 13 horas para fazer o percurso. Muitas vezes ficavam atolados no barro. Aí passavam a noite na estrada. Chegando em Santo Amaro, Salim exercitava seus dons naturais de comerciante. Eram dez quilos de cimento para um, vinte para outro, etc. Recolhia o dinheiro e no dia seguinte, outra vez, estava na estrada rumo à Barra Funda, com a barrica de cimento vazia.

Chegava à firma Dias de Castro, entregava a barrica vazia e recebia outra cheia. Salim tinha crédito na praça, outro segredo de negociante nato que trouxera na bagagem desde o Líbano.

Trinta e um anos antes do jovem Salim, em 1879, desembarcava naquele mesmo porto de Santos, com certeza também excitadíssimo com a azáfama natural em qualquer cais do mundo, um outro jovem, chamado Miguel, também com 17 anos.

Trazia igual determinação: vencer e voltar para rever a terra natal, os bosques e os cedros majestosos. Rapidamente cumpriu a primeira parte da sua missão: a de vencer. E acabaria voltando, sim, mas com uma finalidade específica. Buscar a noiva. Casou-se no Líbano e voltou em seguida para retomar os negócios no Brasil. Quando chegou em casa, em São Paulo, Miguel levou um susto. Abriu o baú da esposa e entre as roupas descobriu uma boneca. A esposa de Miguel, Marta, tinha apenas 13 anos.

Hoje, no município do Guarujá, a avenida que corre paralela à praia da Enseada, uma das mais importantes da cidade, chama-se Miguel Estéfano. Muita gente pode pensar que é nome de origem italiana. Errado. É nome de família libanesa. Em árabe, se pronuncia "estefê". No registro de emigração traduziram para "Estéfano". Daí a confusão. Chegando ao Brasil em 1879, já em 1906 Miguel Estéfano, com 44 anos, criava no bairro do Jabaquara uma das primeiras tecelagens industriais do Brasil, a Pereira & Estéfano. Mas começara sua vida vinte anos antes na profissão tradicional dos "turcos": mascate.

Miguel juntava três ou quatro malas, enchia de roupas, espelhos, pasta de dente, escovas variadas, pentes, peças de veludo, sapatos, etc. e saía vendendo pelo mundo. Importante era não esquecer os óculos. Eram de grau. Ele levava nunca menos do que 30 óculos em cada viagem. A freguesia experimentava, via com qual enxergava melhor e comprava.

Várias vezes o jovem Miguel fez a pé o percurso entre Rio e São Paulo. Dormia ao relento. Quando chovia, pedia pouso a algum fazendeiro. Às vezes conseguia, quase sempre na estrebaria. Em outras, dormia na chuva. Amanhecia encharcado. Mais importante era proteger as malas com a mercadoria. No dia seguinte, seguia caminho. A roupa ia secando enquanto andava.

Assim, Miguel Estéfano juntou dinheiro para comprar uma chácara no Jabaquara – onde morou e perto do local em que mais tarde instalaria a Fiação Pereira & Estéfano. A casa, construída no início do século passado, ainda existe. A fiação ele acabaria vendendo para o Moinho Santista.

Miguel Estéfano desviou-se um pouco da linha tradicional do imigrante libanês – mascate, comerciante, industrial. Foi para o interior e montou a primeira usina hidrelétrica da região do Salto do Avanhandava, no rio Tietê, a cerca de 500 km da capital. Com o nome pomposo de Companhia Nacional de Energia Elétrica, um imigrante libanês entrava diretamente no setor de infra-estrutura.

E quis o destino que a pequena usina construída por ele para produzir 12 mil kilowatts fosse substituída, anos mais tarde, por uma série de usinas e uma eclusa, uma delas, a Nova Avanhandava, de 347 mil kilowatts, inaugurada em 17 de dezembro de 1982 por um de seus netos, o então governador de São Paulo, Paulo Salim Maluf, filho de Salim Farah Maluf.

Quando morreu, em 1951, Miguel Estéfano era um dos maiores proprietários de terra do Estado de São Paulo. No Guarujá, onde fica a avenida com o seu nome, metade da praia da Enseada era sua, 7 milhões de metros quadrados.

Morou muitos anos em Catanduva, a quase 500 km da capital, num casarão de um quarteirão chamado de Casa Grande, um verdadeiro hotel, com 15 suítes. Miguel Estéfano tinha um hábito curioso. Cuidava dos negócios em casa – afinal tinha espaço à vontade. Entre a residência e o escritório ele tinha um pomar. Ia pelo pomar até o escritório e voltava para almoçar. Almoçava e atravessava o pomar em direção do escritório. Um pormenor: a luz do escritório ficava sempre acesa.

Era a maneira mais simples de verificar se as turbinas e geradores da usina estavam funcionando lá no Salto do Avanhandava. Quando a luz se apagava, significava que ele não estava faturando. Ficava furioso. Telefonava. Brigava para fazer uma ligação para a usina. Naquele tempo fazer um interurbano era uma epopéia. E além de tudo a Cia. Telefônica de Catanduva era do seu filho Ignácio.

No Guarujá, a primeira casa da praia da Enseada foi a dele. É onde funciona hoje o Hotel Casa Grande, um 5 estrelas e uma lembrança da casa de Catanduva. Durante anos o hotel pertenceu à família, administrado por Carlos Eduardo Estéfano, filho de Ignácio Estéfano e neto de Miguel.

Uma filha de Miguel, Maria Estéfano, que se casaria com Salim Maluf, teve cinco filhos e herdou cerca de 500 mil metros quadrados de frente para o mar, na Enseada. Hoje estão construídos ali um supermercado Carrefour e vários conjuntos de apartamentos.[4]

---

4. Paulo Salim Maluf, o único político da família, hoje deputado federal, diz que a família cansou de pagar durante quase um século o IPTU (Imposto Predial e Territorial Urbano) do Guarujá, um dos mais altos do Brasil. Por isso decidiram construir na área. Maluf costuma dizer que se fala muito em preservar as áreas verdes, mas os prefeitos em geral trabalham em sentido contrário, penalizando os

Um dos principais pontos de referência da cidade do Guarujá é o Morro do Maluf, entre as praias das Pitangueiras e da Enseada. Só que não tem nada a ver com a família Estéfano ou com os Maluf. O morro pertencia a um outro Maluf, industrial em São Paulo, solteiro, que tinha casa na ladeira do morro e dava festas memoráveis que agitavam os fins de semana do Guarujá.

Quando Miguel Estéfano faleceu, a imprensa registrou no seu necrológio que ele deixava 8 filhos e 25 netos. Mas não se fez – nem cabia fazer, é claro – menção a algumas características da sua personalidade. Uma, a do homem mão aberta, que nas datas especiais – Natal, aniversários – sempre dava dinheiro de presente aos familiares. E não era pouco. Ele costumava dar aos netos aquelas notas enormes de 20 mil réis, com a efígie do marechal Deodoro da Fonseca. Era como dar a uma criança o suficiente para comprar 200 sorvetes.

Outra característica do casal Miguel Estéfano e Marta era sua profunda religiosidade. Marta sempre dizia que vivia para a religião, para os filhos e para o marido. Durante 50 anos, apesar de ter vários empregados, era Marta quem fazia o prato de Miguel no almoço e no jantar.

Miguel Estéfano faleceu no dia 14 de fevereiro de 1951. Os necrológios registraram a morte do homem que detinha a quinta ou sexta fortuna de São Paulo. Aquele 14 de fevereiro seria marcado para sempre na história das grandes fortunas – e dos grandes empreendedores – da velha São Paulo.

Enquanto Miguel Estéfano, aos 89 anos, deixava este mundo na sua casa no Guarujá, no mesmo dia, numa incrível coincidência, morria o comendador Pereira Ignácio, aos 75 anos de idade. "Gigante do algodão", como foi chamado pelos jor-

---

terrenos vazios com impostos altos. E diz que se algum dia voltasse a ser prefeito de São Paulo iria isentar de IPTU todo terreno desocupado. Porque terreno sem construção não é habitado. Se não é habitado, mesmo que não tenha uma árvore, não polui e deve ser entendido como área verde. Tem lógica.

nais da época, Antonio Pereira Ignácio adormeceu para descansar de uma vida de intensos trabalhos em sua residência, na rua Guadalupe, 67. Pereira Ignácio foi amigo e concorrente do conde Francesco Matarazzo na produção de óleo, depois associou-se a outro pioneiro da indústria de São Paulo, Francisco Scarpa, ambos imigrantes italianos. Scarpa faleceu precocemente em 5 de maio de 1918, dias após ter sofrido um acidente ferroviário.

Em 1925, Pereira Ignácio casou sua filha Helena com o jovem José Ermírio de Moraes. Tiveram os filhos José Ermírio, Antônio Ermírio, Maria Helena e Ermírio. No ano seguinte, José Ermírio já assumiria a diretoria dos negócios e, juntamente com o sogro, transformou a tecelagem da família num conglomerado de empresas com atuação em vários segmentos do mercado, fundando a fábrica de cimento cuja produção inicial foi destinada à construção do Viaduto do Chá, em São Paulo.

Quando, em 1958, já casado com Sylvia Lutfalla Maluf – casaram-se em 1955 –, Paulo Salim Maluf decidiu mudar-se da rua Cuba, 323 para construir sua casa na rua Costa Rica, adquiriu o terreno de Maria Luiza Quirino de Moraes Barros, viúva de Paulo de Moraes Barros, que havia sido secretário da Fazenda na Revolução de 32. No terreno havia uma casa antiga, que foi demolida para dar lugar à que Paulo Maluf está morando ainda hoje, desde 1965.

Quando Maluf escolheu o local, pesou muito na sua decisão o fato de a região – o loteamento chamado Jardim América – ser um projeto da Companhia City. Só o nome dessa empresa já dava a dimensão da sua importância: City of São Paulo Improvements and Freehold Land Co. Ltd.

Tratava-se na verdade de uma empresa criada por um grupo de políticos e fazendeiros paulistas, entre eles o conhecido ex-senador Cincinato Braga, que entrou em negociações com um empresário francês, Edouard Fontaine de Laveley. Depois Laveley vendeu sua participação a um grupo londrino. Os capitalistas brasileiros contentaram-se em manter apenas a parcela de ações com vistas a satisfazer as exigências legais.[5]

A City foi a precursora, em São Paulo, dos loteamentos com preservação de áreas verdes. Havia regras rígidas para a ocupação do terreno, podia-se utilizar no máximo 25% da área para construir e os muros não podiam ultrapassar 1,20 metro de altura. Os Maluf quiseram fazer um muro um pouco maior, de 1,80 metro. Tiveram imensas dificuldades. Hoje, tem casa com muros de mais de 4 metros. São Paulo mudou muito. Infelizmente.

Quando os Maluf foram morar ali era um bairro tranqüilo. De raro em raro passava um automóvel. De forma que os filhos de Paulo e Sylvia podiam jogar bola no meio da rua com os vizinhos de frente, José Roberto e José Ermírio.

Sim, eles mesmos, netos do patriarca José Ermírio de Moraes e filhos do mesmo José Ermírio de Moraes Filho, a quem, anos depois, Paulo Maluf, então governador do Estado, convidaria para ser prefeito de São Paulo. Paulo Maluf ainda se recorda da convivência das famílias. Lembra que, no mesmo dia, foi aos dois enterros, o do avô e o do comendador Pereira Ignácio.

Muito antes dessas coincidências, como se tudo estivesse escrito num grande livro do destino, Salim Farah Maluf, armado com sua carrocinha transportadora de cimento e seus burros, perseguia obstinado seu objetivo: vencer. Conseguiu juntar um pequeno capital. Por volta de 1915 ele se torna sócio de outros três imigrantes húngaros e monta uma pequena serraria.

Mesmo nos tempos duros das viagens da Barra Funda a Santo Amaro, ele sempre deu importância à aparência e às roupas que usava. Se não fosse um transportador de cimento em barricas, poderia ter sido quase um *dandy* – aquele cavalheiro que sabe se comportar em qualquer situação e que prefere, é óbvio, uma taça de champanhe a um vinho ordinário qualquer.

---

5. Ciro Biderman et al. *História econômica da cidade de São Paulo*, org. Tamás Szmrecsányi (Rio de Janeiro: Globo, 2004).

Prova disso é que, logo que os negócios lhe permitiram, passou a usar ternos da melhor casimira inglesa, comprava seus sapatos na afamada Casa Guarany, a mais chique da rua XV de Novembro, vestia camisas de *voile* suíço. Gravatas? Só francesas.

Salim percebera que a sociedade com o trio húngaro não o levaria muito longe, e ele estava determinado a chegar lá. Vendeu sua parte na serraria e foi ser sócio minoritário, com apenas 10% do capital, de uma grande serraria, a Santisi, no bairro da Mooca.

Começava a entrar no seleto grupo de paulistanos, a maioria imigrantes, que somava sua vocação para os negócios com uma incansável disposição para trabalhar. E assim casou-se com uma das filhas do já muito bem realizado Miguel Estéfano.

O sogro avalizou para Salim uma promissória de 400 contos de réis, a moeda daquele tempo, no London Bank. Com esse dinheiro, Salim comprou 100 mil m^2 nas franjas da cidade, no bairro da Água Branca, hoje avenida Francisco Matarazzo. Pagou 250 contos pelo terreno. E começou a construir a sua própria serraria, que foi, como dissemos, durante décadas, a maior da América Latina.

Apesar dos ternos impecáveis, do lenço de *voile* no bolso, como uma flor que brotasse do paletó, Salim Farah Maluf mantinha um ritmo de vida duro e de hábitos rigorosos. Trabalhava de segunda a sábado na serraria. Aos domingos pela manhã passava nos Correios – caixa postal 1683 – para resgatar a correspondência.

Dali seguia para o escritório, abria as cartas, checava seu teor e datilografava pessoalmente a relação dos clientes. Em seguida grifava com uma caneta azul aqueles que tinham quitado seus débitos. E com a cor vermelha os créditos em aberto.

Com a freqüência de um pai que deseja mostrar ao filho o valor do trabalho, convidava Paulinho para acompanhá-lo, o que, em geral, dava ao garoto muita satisfação. Podia circular livremente pela serraria, sentir o aroma das várias madeiras, observar de perto o maquinário, e o que mais gostava, dava a ele a oportunidade de andar nos carrões Lincoln, outra paixão de Salim.

Desde seu casamento com Maria, em 1921, até sua morte, em 1943, ele sempre fez questão de ter na garagem um Lincoln do ano, de preferência metálico, combinando com azul-claro. Não tinha vícios, era extremamente disciplinado.

Paulo Maluf conta que uma vez – ele tinha 8 ou 9 anos – estava na sala de estudos que ficava junto ao banheiro dos pais. a ponta do lápis quebrou e ele não encontrava o apontador. Começou a chorar até que viu, na porta, surgir a figura de Salim vestindo um roupão: "Por que você está chorando?".

Paulinho contou o que havia acontecido. O pai logo encontrou o apontador. Estava debaixo da escrivaninha. Salim entregou ao filho com uma única observação: "Nunca chore por uma coisa pequena". E voltou para se trocar.

Uma das conversas que Salim e Maria Maluf tinham com freqüência era sobre a educação dos filhos. Ele sempre repetia que, infelizmente, não tivera a formação que desejava dar aos filhos. Assim, desde pequenos, Roberto e Paulo tiveram governantas inglesas. Salim assinava para os meninos a *National Geographic Magazine*. Para os meninos e para ele.

Com freqüência convocava o filho Paulo para ler as reportagens, traduzindo o que conseguia para o pai. Salim se deliciava e ao mesmo tempo se divertia com o esforço do filho. Paulo, por sua vez, se deslumbrava com as magníficas fotos coloridas da *National Geographic*, que mostravam cenários incríveis de mundos desconhecidos, da Europa, da África, da Ásia, da própria América.

Em 1937, numa época em que visitar a Europa era uma aventura, Salim e Maria tomaram um navio em Santos decididos a atravessar o Atlântico. Não foi exatamente a viagem dos sonhos do casal. Seria interrompida logo no início pela chegada de um cabograma anunciando a morte, num acidente, de um irmão de Salim, Nagib.

Em meio às festas juninas – dia 21 de junho de 1937 –, tio Nagib saía de carro da serraria para comprar fogos para o sobrinho Paulinho – ele não tinha filhos. Quando estava saindo, entrou um cliente de carro. Ele deu marcha a ré e parou embaixo de um guindaste que carregava uma tora de madeira. A tora balançou e bateu na cabeça de Nagib, que teve morte instantânea.

Salim Farah Maluf faleceu no dia 25 de dezembro de 1943. Paulo Maluf tinha 12 anos. O irmão, Roberto, 17. Paulo lembra a cena como se fosse hoje. Era o almoço de Natal da família, a casa estava cheia de tios, primos, a família toda reunida. Mas Salim não desceu. Ele estava muito gripado. Eram umas três horas da tarde, a mãe subiu para ver como ele estava, se queria comer alguma coisa. Ele estava enfartando. Chamaram um médico às pressas. Não adiantou. Ele tinha 49 anos, e nessa idade os infartos costumam ser fulminantes.

CAPÍTULO II

A POLÍTICA COMO VOCAÇÃO

A morte de Salim Farah Maluf, então em pleno vigor físico, trouxe um transtorno inevitável à família. Maria Maluf fica viúva aos 38 anos num tempo em que cabia às mulheres apenas comandar os destinos da casa e da família. Ela, com cinco filhos – além de Roberto e Paulo, tinha mais três filhas –, se viu obrigada a ser mãe e empresária.

Passou a fazer parte de sua rotina ir todos os dias à serraria do marido e acompanhar como iam as vendas, a produção, o caixa e o lucro. Acompanhava-a o filho mais velho. Roberto Maluf, com 17 anos, acabara de passar para o terceiro ano do curso científico do Colégio São Luís. Como primogênito, cumpria o caminho geralmente traçado pelos descendentes de imigrantes libaneses: comandar os negócios da família.

Roberto seguiu nessa direção com a determinação que herdara do pai e se preparava para fazer o curso de engenharia, o que parecia adequado para um futuro grande empresário do setor madeireiro. Ele pertencia, com muito orgulho, à "elite intelectual" do São Luís, um dos mais rigorosos colégios de São Paulo. Como primeiro aluno da classe, recebeu os prêmios Anchieta e São Luís. Com a morte do pai, acabou tendo de dividir seu tempo. Passou a dedicar metade do dia ao colégio, a outra metade à serraria. Terminou o curso, mas acabou adiando o vestibular de engenharia por falta de tempo para estudar. Acabaria mergulhando de cabeça nos negócios da família e nunca se formaria engenheiro.

Já o segundo filho, Paulo, tinha maior liberdade para divagar em torno do seu futuro. Aos 11 anos, chegou a pensar em se tornar jesuíta. Adorava o colégio e saboreava os ensinamentos dos padres. Hoje ele agradece ao Colégio São Luís o fato de ter entrado para a Escola Politécnica na primeira tentativa, aos 18 anos, conquistando uma das 180 vagas entre mais de 1 800 candidatos. "Eles são excepcionais educadores", diz Paulo Maluf sobre os padres jesuítas.

Em 1954, Maluf concluiu o curso da Politécnica. Um ano depois, casou-se com Sylvia e foi trabalhar com o irmão. "Éramos sócios em partes iguais. Meu irmão foi desses homens de coração maior que o mundo. Ele trabalhou sozinho na empresa entre 1943 e 1955. Quando me formei, ele me chamou e disse: "Tudo o que eu fiz foi para nós dois. Agora vamos repartir ao meio tudo o que eu fiz e vamos continuar juntos para fazer mais".

Paulo trabalhou 12 anos ininterruptamente como empresário, até 1967. Mas sentia que sua vocação não era simplesmente ser um ganhador de dinheiro. Ele queria algo mais. Esse sentimento começou a impregnar a sua consciência quando, aos 18 anos, precisou fazer uma radiografia dos pulmões para um documento qualquer.

Estacionou seu carro – já tinha carteira de motorista –, um Pontiac Catalina, uma beleza de carro, no pátio do Hospital das Clínicas, o maior hospital público de São Paulo. Foi atendido por um senhor muito gentil, esperou numa sala alguns minutos e foi encaminhado ao terceiro andar. Fez a chapa, desceu, e dirigiu-se ao senhor que o atendera. Quis saber quanto teria de pagar.

"Não, o senhor não precisa pagar nada."

"Como, nada?"

"O senhor foi registrado como indigente."

"Mas eu quero pagar", retrucou Maluf.

"Por favor, assim o senhor vai acabar me criando problema. O senhor vai ter que fazer uma guia de inscrição, fazer um cheque nominal, passar aqui ao lado na Secretaria da Fazenda e pagar lá na agência do Banespa."

Quando Paulo Maluf girou a chave do seu magnífico Pontiac Catalina, estava entre perplexo e ofendido: "Eu, Paulo Maluf, indigente? Como é possível?". Hoje, ele comenta:

– Eu, com meu DNA fenício, quase me revoltei. Quanta burocracia! E quanta injustiça social! Eu sabia que provavelmente a 10 km dali alguém podia estar sofrendo um enfarto, um derrame, e não tinha transporte para ir até o Hospital das Clínicas.

Quando Paulo Maluf assumiu o Governo do Estado de São Paulo, em 1979, o Instituto do Coração, que se tornaria referência internacional em cardiologia, era pouco mais que um esqueleto de um prédio. O acabamento da construção, a compra dos equipamentos e as contratações de médicos e pessoal ocorreram na gestão Maluf:

– O Incor é obra de muitos, eu tive o privilégio de inaugurá-lo porque não sinto ciúme de obra. Todos os governantes deveriam ter a humildade de dar seqüência aos bons projetos que encontram de seus antecessores.

Ele inclusive desafia a qualquer um que aponte, em seus 40 anos de vida pública, uma obra que ele não tenha concluído. Mesmo que tenha sido iniciada por um antecessor.

– Tenho pontadas no coração quando vejo uma obra parada.

Até seus críticos mais ácidos reconhecem. Suas gestões, governos, administrações públicas são de realizações. De obras.

O que faz um empresário bem-sucedido, de família abastada – ele não gosta da expressão "rica" ou "rico" –, com um futuro já desenhado, entrar na vida pública? Não será necessidade de dinheiro. O atual senador Heráclito Fortes, com sua verve irresistível, comentou certa vez numa roda: "Você é acusado de enriquecimento ilícito. Pois eu acho que é o primeiro caso de empobrecimento ilícito".

Maluf aceitou finalmente, aos 35 anos, um convite do então ministro da Fazenda, Antonio Delfim Netto, para ocupar a presidência da Caixa Econômica Federal. O *Diário Oficial da União*, cumprindo uma obrigação legal, publica, no dia 4 de maio de 1967, entre os decretos do Ministério da Fazenda, a sua nomeação para a presidência do Conselho Administrativo da CEF.

Ele não era a primeira opção para a presidência da Caixa. Na formação do governo Arthur da Costa e Silva já estava indicado, em sigilo, o delegado de polícia Antonio Ribeiro de Andrade. Mas aconteceram dois episódios que mudariam o roteiro previsto.

O primeiro foi a confirmação de que o ministro da Fazenda seria mesmo Delfim Netto. O futuro ministro – um jovem de 38 anos de idade – já conversara várias vezes com Maluf sobre o papel da Caixa Econômica, então uma vetusta e tradicional instituição. Maluf lhe pareceu o homem certo para dar uma sacudida naquela velharia.

A Caixa Econômica era uma espécie curiosa de banco. Não fornecia talão de cheques, não recebia impostos ou taxas – cartão de crédito, então, parecia uma heresia –, em geral tinha uma única agência central e seus clientes deviam se deslocar até a sede da Caixa com uma caderneta. Lá eles depositavam, por exemplo, 100 mil réis, ou retiravam qualquer quantia. Muitas vezes o cliente gastava de condução boa parte do dinheiro que ia sacar.

O cacife de Maluf, representado pelo apoio de Delfim, aumentou quando Antonio Ribeiro de Andrade, conhecido nos meios políticos como Ribeirinho, deu uma escorregadela imperdoável. Ribeiro de Andrade acompanhara o futuro presidente da

República, Costa e Silva, num fim de semana em Petrópolis. Era um sábado à tarde. Um repórter do jornal *O Globo*, do Rio de Janeiro, solicitou uma entrevista com Costa e Silva, que se recusou a falar. Disse que só daria coletiva, e nunca ali em Petrópolis, onde fora para descansar e ao mesmo tempo dar os últimos retoques no seu plano de governo.

Ribeiro de Andrade, tentando ser gentil e ao mesmo tempo demonstrar intimidade com o presidente, foi conversar com o repórter. Este queria detalhes sobre o que o presidente estava fazendo. Ribeiro de Andrade esclareceu. Disse que Costa e Silva estava ajustando o plano de governo. Não foi suficiente para saciar a curiosidade do repórter.

E à noite, o que os senhores vão fazer? Ribeirinho respondeu, descontraído: "À noite vamos jogar um pôquer".

No dia seguinte o jornal deu destaque para a informação que parecia mais relevante: "[...] à noite, o presidente da República jogava pôquer".

Costa e Silva ficou furioso com a notícia. E Ribeiro de Andrade saiu do episódio tosquiado: coube-lhe apenas uma diretoria da Caixa. Delfim Netto conseguiu emplacar o jovem empresário que ele queria na presidência da instituição. Maluf foi empossado no dia 13 de maio de 1967.

A amizade entre o ministro da Fazenda e Paulo Maluf vinha desde 1960. Maluf entrara para a Associação Comercial de São Paulo e, aos 28 anos, assumiu uma diretoria e a superintendência do Instituto de Economia. Antonio Delfim Netto e José Luis de Almeida Porto – "dois estupendos economistas", diz Maluf – participavam do instituto. Aos 31 anos de idade, Delfim também era professor da Universidade de São Paulo (USP), onde ingressara por concurso público. Além da idade, Maluf justifica a empatia entre eles:

– Defendíamos as mesmas teses, o desenvolvimento do Brasil e a geração de empregos.

Vinte dias antes de assumir o cargo, Maluf foi brindado com um violento editorial do jornal *O Estado de S. Paulo* contra sua nomeação.

– Do título eu não lembro. Era qualquer coisa como nomeação indesejada. Mas a data eu não vou esquecer jamais. Foi no dia 23 de abril, aniversário da minha mulher. Ela se escandalizou ao ler o texto e me disse: "Mas Paulo, será que você é tão ruim assim?".

Maluf descobriria que Ribeiro de Andrade tinha bons contatos com o jornal. Não poderia supor, no entanto, que esse seria o primeiro de uma interminável série de ataques a ele por parte do *Estadão*.

– Quero dizer, sem falsa modéstia, que fiz uma administração espetacular. A Caixa hoje, em patrimônio, é o segundo banco brasileiro. Pegamos um organismo que existia juridicamente, mas economicamente estava morto. Nós o revitalizamos, transformando-o num ser vivo. Hoje, em Brasília, em 2008, eu estou falando com você sobre minha vida. E a gente vê que as maiores obras do Plano de Aceleração do Crescimento, o PAC do presidente Lula, estão nas dependências da Caixa Econômica Federal. Obras para água, esgoto, saneamento básico, construções de casas populares, ou seja, não é dinheiro carimbado do orçamento. É dinheiro extra-orçamentário de depósitos de poupança da população na Caixa.

Quando Maluf assumiu a presidência, a Caixa Econômica era apenas um instrumento de poupança que detinha a credibilidade do pequeno depositante porque o dinheiro ali era integralmente garantido pelo Tesouro Nacional. Sua finalidade era essa. Ele introduziu várias novidades. Entre elas, o talão de cheque, o recebimento de impostos e taxas, ISS, IPTU, ICMS, Imposto de Renda, contas de água, gás, telefone e luz.

Antes de Maluf, os empréstimos que a Caixa concedia a pessoas jurídicas eram feitos através de um cheque que o cliente depositava num banco qualquer, nunca deixando o dinheiro na instituição. O novo presidente criou a conta corrente para a pessoa jurídica. Assim, quem recebesse um financiamento da Caixa era obrigado a deixar o dinheiro na conta mesmo que fosse por um curto período. Com as novas práticas, a Caixa, que fora deficitária em 1965 e 1966, equilibrou-se em 1967 e apresentou um grande lucro em 1968.

Outra inovação foi o processo de empréstimo para a casa própria. Em vez de fazer as escrituras intermediadas nos livros, criaram-se as escrituras particulares impressas sem ônus para o tomador. Naquela época as certidões negativas de débito de água, luz, IPTU e os registros em cartório somavam quase 10% do valor do empréstimo.

Maluf reuniu os donos de cartórios e fez uma proposta: "Para os menos favorecidos, nós vamos ter de dar essa contribuição. Em vez de lavrar escritura em tabelião, nós vamos fazer uma escritura particular".

Essa escritura era um documento impresso, e em branco estava o nome do mutuário, o valor do empréstimo, o valor das prestações e seu endereço. A escritura era assinada na Caixa e o mutuário tinha simplesmente que levá-la ao cartório para registro. Quando ele trazia o documento de volta, a Caixa creditava o valor do empréstimo em sua conta corrente.

Ainda durante a gestão Maluf, a Caixa criou uma linha de crédito de refinanciamento para financeiras. Por um período razoável a Caixa funcionou como uma espécie de "Banco Central" para as financeiras. Ou seja, algumas lojas financiavam a compra de eletrodomésticos – geladeiras, máquinas de lavar, fogões, etc. – em até 36 prestações. As financeiras refinanciavam as lojas. Maluf criou uma carteira de redesconto das financeiras. A juros baixos, a Caixa redescontava esse crédito direto ao consumidor.

Foi também na sua gestão que Maluf abriu as linhas de poupança com correção monetária que a Caixa não tinha. Com a inflação alta, as pessoas preferiam depositar em bancos, onde havia a correção. Ou seja, a centenária Caixa Econômica finalmente entrava no mercado. Com sua experiência empresarial, Maluf realizou em dois anos, em número de financiamentos, o que a Caixa realizara em quase um século.

– Entreguei para meu sucessor um dos melhores instrumentos de poupança popular e de financiamento para os mais carentes. Cresci muito, e fui nomeado prefeito de São Paulo.

CAPÍTULO III

SÃO PAULO PELA PRIMEIRA VEZ

No dia 13 de março de 1969, o então governador do Estado de São Paulo, Roberto de Abreu Sodré, dirigiu-se logo pela manhã bem cedo a um edifício localizado na rua Pernambuco, no bairro de Higienópolis. Era ali que residia o dr. Julio de Mesquita Filho, o homem que mandava no jornal *O Estado de S. Paulo*, o principal – melhor seria dizer o único – veículo da imprensa paulista capaz de mexer com os humores do regime militar instalado em Brasília a partir de 1964.

O chamado *Estadão* participara do golpe daquele ano. Mais do que participar, envolvera-se diretamente na derrubada do então presidente João Goulart. Ficou célebre seu editorial "Instituição em frangalhos", uma espécie de senha para o movimento que acabaria sendo consagrado como "militar", mas que teve na sua primeira fase a adesão de grande contingente de civis, empresários e lideranças políticas preocupados com a possível instalação de um regime de esquerda radical no país.

Muitas das articulações do Movimento de 64 foram engendradas no próprio sexto andar do edifício do *Estadão*, onde ficavam os salões da diretoria, ou no chamado "aquário" da redação, onde era freqüente a presença discreta de conspiradores contra o governo Jango. A *Folha de S.Paulo* ainda nem sequer sonhava em ser o jornal de referência dos paulistas e até do Brasil. Isso só aconteceria anos mais tarde, durante o movimento das Diretas Já.

Hoje o edifício do *Estadão* continua sendo um marco da cidade. Menos pelo seu valor arquitetônico – uma arquitetura padrão anos 1950, que não fez história – e muito mais pela sua localização, embicado entre a rua Martins Fontes e o viaduto Major Quedinho, dando vista para a Biblioteca Municipal Mário de Andrade.

Mas a importância do jornal como veículo que representava o ponto de vista da sociedade paulistana foi se reduzindo paulatinamente. Embora o *Estadão* tenha se modernizado graficamente, a influência dos Mesquitas no jornal diminuiu muito. Sucessivas crises financeiras levaram para dentro da redação representantes dos grupos credores, que acabariam assumindo o controle comercial e até editorial do veículo.

No meio jornalístico sabe-se que somente a então temida página 3 do *Estadão*, onde são impressos os editoriais, continua sob a supervisão do hoje veterano jornalista, Ruy Mesquita, um dos filhos de Julio de Mesquita Filho. Comenta-se que a página 3 continua tendo certa importância. Ela resume o pensamento da "plutocracia" de São Paulo, que ainda tem muito peso nas decisões nacionais. O dono do prédio hoje é o ex-governador Orestes Quércia, que primeiro instalou ali o *Diário Popular* e depois negociou o título com a família Marinho, das Organizações Roberto Marinho.

De qualquer forma, os orgulhosos proprietários de então, a família Mesquita, já não vagueiam pelos andares onde ficavam as redações e a direção. Os Mesquitas mudaram-se para a avenida Engenheiro Caetano Álvares, esquina com a Marginal do Tietê. A sede antiga tem hoje uma marca universalmente conhecida, embora de um ramo pouco ligado ao poder da imprensa: é uma das centenas de instalações da rede Holliday Inn, cadeia de hotéis espalhada pelo planeta.

Como se vê, São Paulo mudou muito desde 1969. Naquele tempo não era de estranhar que o governador do estado madrugasse para ir à casa do dr. Julio de Mesquita Filho – conhecido no meio jornalístico como dr. Julinho – com o intuito de discutir duas notícias que estavam estampadas nas primeiras páginas dos jornais do dia.

A primeira:

"Adhemar de Barros morre em Paris"

A segunda, logo abaixo, na manchete daquela quarta-feira:

"Faria Lima já tem sucessor: Paulo Maluf é o novo prefeito de São Paulo"

A notícia da morte de Adhemar de Barros talvez tenha provocado no dr. Julinho uma ponta de remorso. Embora tenham trabalhado juntos como artífices auxiliares do Movimento de 64, o *Estadão* jamais publicou o nome completo do ex-governador de São Paulo. Para o jornal, até o dia da sua morte, ele seria apenas "A. de Barros". Assim como jamais publicou por extenso o nome do influente parlamentar e extraordinário tribuno Emílio Carlos Kiryllos, reduzindo-o para E.C. Kiryllos.

Na redação do *Estadão*, os editores recebiam ainda uma lista de "inomináveis". Ou seja, personalidades que não poderiam ser mencionados no jornal, a não ser em casos extremos.

Como foi o caso do governador A. de Barros, do deputado E. C. Kiryllos, como seria o caso, anos mais tarde, do secretário de Imprensa do governador Franco Montoro, sempre tratado de Parahyba de Moraes ou Alberto Parahyba, quando seu nome jornalístico, público e notório, sempre foi Quartim de Moraes.

Os motivos para tal discriminação eram os mais variados. Quartim de Moraes, por exemplo, virou Parahyba de Moraes porque, numa foto de uma greve de jornalistas pela criação de um piso salarial para a categoria, ele, na época funcionário da S.A. O Estado de S. Paulo, foi fotografado tentando impedir a saída dos caminhões de distribuição do jornal.

O deputado Emílio Carlos deixou de ser candidato à Prefeitura de São Paulo ao perder, por um voto, sua indicação como candidato da UDN (União Democrática Nacional), assumidamente o partido da família Mesquita, numa disputa com o ex-prefeito Prestes Maia.

Paulo Maluf recorda-se que José Ermírio de Moraes Filho lhe contou mais tarde que numa roda de udenistas discutia-se qual seria o melhor candidato. Emílio Carlos representaria uma renovação no cenário político da própria UDN, marcada pelo seu tradicional reacionarismo. Prestes Maia já havia sido prefeito num longo período, entre maio de 1938 e novembro de 1945, nomeado por indicação do então "interventor" Adhemar de Barros – função equivalente a de governador de estado – durante o Estado Novo, a ditadura de Getúlio Vargas.

Nessa roda, Julio de Mesquita Filho abriu seu voto dizendo que "em turco ele não votava". Maluf lembra que vários descendentes de libaneses, mesmo udenistas de quatro costados, como os deputados Camilo Aschar e Nicolau Tuma, sempre tiveram dificuldades dentro da própria UDN.

A reação do dr. Julinho à notícia de que Maluf era o novo prefeito, como Sodré já esperava, foi dura:

– O governador me contou que Julio de Mesquita Filho disse: "Sodré, esse Maluf eu nem conheço. Foi bem na Caixa. Mas o que não podemos concordar é que a cidade de São Paulo seja governada por alguém que come quibe".

– Não fiquei magoado. Porque essas coisas você não pode levar a ferro e fogo. Quando Julio de Mesquita Filho morreu, prestei-lhe uma homenagem. Dei seu nome ao viaduto Bela Vista.

Na capital, com o crescimento explodindo sob os efeitos do "milagre econômico", que apenas se iniciava, São Paulo passaria exatamente naquele período por um surto de progresso superior até mesmo ao da era do café. O da industrialização, provocada em grande parte pelos mesmos imigrantes do passado.

Em função da Constituição vigente, cabia ao governador do estado nomear os prefeitos das capitais e das cidades consideradas áreas de segurança nacional. Santos, por exemplo. A praxe da escolha era a apresentação, por parte do governador, de uma relação de quatro ou cinco nomes que seriam examinados, em Brasília, nos seus prós e contras, pelas autoridades federais.

Até dezembro de 1968, a primeira indicação de Sodré seria a do seu secretário da Fazenda e sobrinho, Luis Arrobas Martins. Mas naquele mesmo mês houve uma reunião no Horto Florestal, uma das residências oficiais do governo paulista, em que Arrobas Martins teceu severas críticas ao governo central na presença dos demais secretários de estado e de seguranças. Os comentários de Arrobas Martins chegaram rapidamente ao Planalto Central. Seu nome passou a receber fortes restrições.

Com as objeções a Arrobas Martins e a Faria Lima, este por ter sido tão bom prefeito e ser militar da Aeronáutica, o que justificaria ambições maiores, inclusive aspirar à presidência da República, Julio de Mesquita Filho, cujo jornal a cada dia se afastava da linha imposta pelo Golpe de 64, ficou praticamente sem candidato.

Da lista que Sodré levou ao Palácio do Planalto para aprovação havia ainda os nomes de Firmino Rocha de Freitas, seu secretário de Transportes, Eduardo Yassuda, seu secretário de Obras, Onadyr Marcondes, seu secretário de Planejamento, e, como se estivesse concorrendo a um prêmio de consolação, o nome do então presidente da Caixa, Paulo Maluf, o sexto da lista.

As razões que levaram o governador Roberto de Abreu Sodré a voltar de Brasília exatamente com o nome de Paulo

Maluf podem ser encontradas no bom relacionamento que ele mantinha com Sodré, com o ministro Delfim Netto e no apoio que teria recebido do presidente Costa e Silva. Acrescente-se ainda a excelente administração na Caixa.

Se houvesse um "*hall* da fama" dos prefeitos da cidade de São Paulo, Faria Lima, ao lado de Prestes Maia e do polêmico Jânio Quadros teriam com certeza seu nome gravado no cimento. Ao assumir, Maluf sabia que teria que substituir quase um mito. A morte de Faria Lima, apenas cinco meses depois de deixar o cargo, reforçaria essa condição.

A transição Faria Lima – Maluf foi feita da maneira mais elegante e civilizada possível. Faria Lima e o novo prefeito reuniram-se diversas vezes. Almoçaram juntos mais de uma vez: Faria Lima, dona Yolanda, sua mulher, Maluf, dona Sylvia e Quintanilha Ribeiro, secretário de Finanças de Faria Lima, que havia sido chefe da Casa Civil de Jânio Quadros na presidência da República.

Maluf assumiu a prefeitura em 8 de abril de 1969. No dia 9, Faria Lima viajou com a mulher para o Japão. Maluf foi ao aeroporto despedir-se. Na volta do Japão, Faria Lima seria surpreendido por uma articulação de vereadores para rejeitar a prestação de suas contas. A manobra foi desfeita num encontro na casa de Maluf, que se comprometeu a desfazer o complô armado contra seu antecessor.

Uma das obras que marcaram a primeira gestão de Maluf na prefeitura foi uma idéia lançada por Faria Lima no fim da década de 1960. Em dezembro de 1968 ele deu um passo arrojado. Mesmo sem condições financeiras para tocar a obra e sem o projeto construtivo da linha Norte-Sul do Metrô, ele iniciou a escavação da avenida Jabaquara. Ao mesmo tempo lançava a campanha para convencer a população da região do Jabaquara que viveria um transtorno durante algum tempo, mas que São Paulo, na época com 6 milhões de habitantes e cerca de 500 mil veículos, necessitava do transporte rápido, subterrâneo e não-poluente que era o Metrô.

No dia 4 de setembro de 1969 Faria Lima jantava com o general Syzeno Sarmento no anexo do Copacabana Palace quando teve um enfarto fulminante. Ele tinha problemas coronários. Já infartara, em 1962, em plena campanha ao governo do Estado de São Paulo, como vice na chapa de Jânio Quadros. Um dos temas do jantar era exatamente a sucessão presidencial.

Seu corpo foi transladado para São Paulo e o enterro ocorreu no dia seguinte no cemitério de Campo Grande. Maluf rendeu a ele todas as homenagens possíveis. Inclusive deu o nome de Faria Lima a uma de suas obras mais expressivas. O primeiro trecho da antiga rua Iguatemi, do largo da Batata, em Pinheiros, à avenida Cidade Jardim, foi construído por Maluf. A avenida foi quadruplicada, arborizada e recebeu o nome de Faria Lima. Na sua segunda gestão na prefeitura, Maluf completaria essa obra com o seu prolongamento, conhecido como Nova Faria Lima:

– Eu tenho muito orgulho de ter prestado essa homenagem a meu antecessor, que foi um grande prefeito. Fui dura e duplamente criticado, primeiro, quando abri a avenida. Depois, quando a prolonguei. Eu tinha certeza que a avenida Faria Lima seria um grande sucesso. E há uns dois anos eu vi, com muita alegria, no caderno de imóveis do jornal *O Estado de S. Paulo* o seguinte título: "57 novos lançamentos na região da Faria Lima".

Esses lançamentos são prédios que, no mínimo, têm 20 mil metros quadrados por edifício. Correspondem, portanto, a um milhão de metros quadrados construídos. Considerando que num escritório calculam-se 10 metros quadrados por funcionário, numa área de um milhão de metros quadrados há uma reserva para futuros 100 mil empregos. Hoje, quem conhece ou visita a região da Faria Lima verifica que todos os edifícios estão ocupados e que muitos outros novos lançamentos estão acontecendo.

••••

Feitos como esses jamais são lembrados em épocas eleitorais. Contudo, daí para a frente, sempre que Maluf se apresentou como candidato surgia na imprensa alguma referência, às vezes até com destaque, sobre o célebre caso dos "fuscas". Seria cômico não fosse um episódio que, dada a sua repetição a cada campanha, não tivesse produzido algum estrago na imagem do candidato Paulo Maluf.

Em 1970 a Seleção Brasileira de futebol, com Pelé, Jairzinho, Rivelino, Carlos Alberto, Tostão, etc., saiu do Brasil psicologicamente derrotada. Houve a substituição do técnico João Saldanha, a interminável discussão sobre se Pelé e Tostão teriam lugar no mesmo time e, no final, se a Taça Jules Rimet, símbolo-maior de uma vitória futebolística, acabaria vindo, em definitivo, para o Brasil.

Antes da Copa, Maluf teve a idéia de oferecer a cada um dos jogadores o que ele chama de "um mimo", ou "um estímulo". Mediante lei, aprovada por maioria absoluta na Câmara dos Vereadores, o prefeito comprometeu-se publicamente a dar a cada atleta um automóvel Fusca do ano.

– Eu deveria ser processado por oferecer somente um Fusca. Processado por mesquinharia. Se os italianos tivessem ganhado a Copa, com certeza receberiam como prêmio uma Ferrari. Meu secretário de Transportes, na época, coronel Renato Guimarães, fez a competente concorrência pública. Comprou, pelo preço mais barato, 25 carrinhos. A entrega foi feita em grande estilo. Com entusiasmo popular impressionante. Eu estou acostumado a comícios, a grandes concentrações populares. Pois nunca vi uma cena tão impressionante como a chegada dos jogadores no vale do Anhangabaú. Havia gente desde a praça da Bandeira, passando por baixo do viaduto do Chá, na passagem de nível da avenida São João, no viaduto Santa Ifigênia, até a avenida

Senador Queiroz. Enfim, por onde a vista alcançasse havia gente nas ruas.

Maluf se pergunta quanto valeu a conquista do tricampeonato em termos de imagem do Brasil? E em termos de entusiasmo por uma vitória que simbolizava também o sucesso do chamado "milagre" brasileiro. Em termos de marketing positivo para o país, qual a relação custo/benefício por essa vitória?

A resposta veio numa ação popular, que pode ser iniciada por qualquer cidadão e que está, inclusive, livre de pagar pela sucumbência. Ou seja, pelos custos advocatícios caso a ação não prospere. A cada eleição, a imprensa vira-e-mexe lembrava o fato, sempre com ênfase na frase: "Maluf processado por dar Fuscas aos jogadores".

– Eu ganhei na primeira instância, ganhei no Tribunal de Justiça, mas no Supremo tinha um ministro que detestava futebol. Acabou puxando os votos contra mim. Aí veio o pior: "Maluf condenado por improbidade administrativa!". Como se os 25 Fuscas estivessem na minha garagem. Eles estavam nas garagens do Pelé, do Rivelino, do Mário Américo, do Carlos Alberto, etc. Foram, enfim, longos 36 anos de calúnias, acusações falsas, até que o Supremo Tribunal Federal, numa ação rescisória, anulou os efeitos de uma sentença transitada em julgado.

Maluf acrescenta :

– Se eu tivesse o direito de resposta a cada vez que apareceu a notícia desse processo, teriam que editar um jornal de 500 páginas. E tudo porque eu tinha mostrado que o Brasil havia ficado muito feliz com a vitória. A façanha da seleção foi vista por um bilhão de telespectadores em todo o mundo.

Didático, acrescenta:

– Não é um milhão. É um bi. Com *b* de Bonifácio.

Maluf sabe que os repórteres, distraídos, muitas vezes trocam o *b* pelo *m*. Ou vice-versa.

Apesar da antiga implicância do *Estadão* com relação aos

comedores de quibe, Maluf segue os hábitos da família libanesa, comendo suas esfirras e quibes.

– Eu vou continuar comendo. Domingo na minha casa os meus filhos e netos comem quibes feitos pela nossa cozinheira. A minha sogra tem quarenta bisnetos que comem quibe e esfirra.

Quibe e esfirra atualmente fazem parte do cardápio dos paulistanos de forma quase tão freqüente quanto as tradicionais pizzas. E dos brasileiros em geral. O Habib's, surgido em São Paulo, é a maior rede mundial de *fast-food* árabe, com mais de 300 casas espalhadas pelo Brasil.

A primeira loja da rede foi inaugurada sem maiores pretensões em 1988, na rua Cerro Corá. Tinha como itens principais do cardápio a esfirra e o quibe. O fundador da rede, Antonio Alberto Saraiva, vejam a ironia, não tinha origem árabe. Era filho de pais portugueses, formou-se médico, e teve sua vida marcada por uma tragédia comum hoje nas grandes metropóles. Seu pai foi assassinado num assalto a um dos estabelecimentos. As lojas Habib's hoje dão emprego direto a mais de 17 mil pessoas.

Ao assumir a Prefeitura de São Paulo pela primeira vez, Paulo Maluf, seguindo a determinação legal, fez publicar no *Diário Oficial do Estado de São Paulo*, no dia 11 de abril de 1969, a sua relação de bens. Na publicação, ele declarou seus imóveis e propriedades com muitos pormenores. Diz, por exemplo, que possuía Cr$ 5.365.975 em ações da Eucatex, além de participação na Imobiliária Santa Therezinha. Fala em frações ideais de vários terrenos, armazéns, etc. E pela primeira vez, ao comentar suas posses, Maluf revela uma ponta de melancolia:

– Muitos desses bens que me davam renda eu os perdi. Eu poderia ter passado a vida dormindo em colchão de mola. E no entanto escolhi uma cama de faquir. Mas não me arrependo de nada. Troquei esses bens todos, eventualmente, para virar um nome de avenida quando eu morrer.

CAPÍTULO IV

MESTRE-DE-OBRAS DA CIDADE

Ao substituir Faria Lima na prefeitura, em 1969, Maluf intuiu que era necessário deixar uma marca de trabalho diferenciada, impor um estilo novo de administrar a cidade. Seu antecessor havia feito um excelente trabalho e gozava de muito prestígio entre a população. A primeira providência do novo prefeito foi implantar uma rotina que iria manter sempre que ocupasse um cargo executivo: a reunião das sextas-feiras. Toda sexta-feira reservava a agenda das 8 horas da manhã ao meio-dia para discutir os trabalhos com seus secretários e engenheiros das pastas que estavam realizando obras.

O prefeito despia-se do ritual do cargo e as reuniões transformavam-se num debate entre engenheiros para examinar problemas, encontrar soluções e cobrar cronogramas.

– Quando você senta na cadeira de prefeito, ou de governador, tem de pensar no coletivo. Tem de pensar 20, 30 anos à frente. Não pode ter medo de críticas. Nessas reuniões eu deixava de ser prefeito para ser o mestre-de-obras da cidade.

Um dos primeiros desafios do novo prefeito foi concretizar a idéia do Metrô idealizado por Faria Lima. Nesse momento, a obra era apenas uma cicatriz aberta na avenida Jabaquara, no traçado da futura linha Norte–Sul. O projeto construtivo, detalhado, foi realizado na gestão Maluf e nela também deu-se o início efetivo da execução.

A cerimônia de colocação da pedra fundamental da Linha 1 – o elevado de Santana – foi em junho de 1969, numa grande festa com a presença do governador e do prefeito. Logo depois viria o primeiro problema. Como transpor o rio Tietê, por túnel ou ponte? Depois de várias análises, os engenheiros do Metrô optaram por transpor o Tietê por ponte.

Decidiu-se não correr o risco de passar sob o leito do rio porque ele havia sido retificado. Ou seja, o seu solo original desapareceu. O que havia no local era um solo turfoso, semelhante ao encontrado no rio Pinheiros, o que pode explicar o grave acidente ocorrido em 12 de janeiro de 2007 nas obras da Linha 4:

– Aquilo foi um erro de concepção do projeto do governo e da Companhia do Metrô. Eles deveriam ter escolhido um projeto de execução mais fácil, como nós fizemos na Linha 1.

Inaugurada em 1974, a Linha 1, ou Norte–Sul, é responsável pelo transporte de um milhão de pessoas/dia. Numa projeção desses 33 anos, passaram por essa linha 9 bilhões de passageiros. O equivalente a uma vez e meia a população do planeta.

– E não teve uma rachadura, e não vai ter. Porque nós não corremos o risco de passar por baixo do rio Tietê. Se tivessem escolhido um projeto diferente na Linha 4, aquela travessia poderia custar dez vezes menos. Porque uma ponte é muito mais barata do que um túnel.

Com seus contatos em Brasília, o prefeito obteve o aval do Tesouro Nacional para os primeiros 110 milhões de dólares de crédito internacional para a construção do Metrô. Com esses recursos foi possível atacar a obra em várias frentes. Enquanto se construía o trecho elevado de Santana, utilizava-se na avenida Jabaquara o sistema chamado *cut and cover*. Ou seja, abrir uma vala e cobri-la rapidamente. Para o trecho 3 da obra, Maluf trouxe a máquina Shield, logo batizada pela população como

"Tatuzão". Era o trecho mais delicado, que deveria passar sob o centro velho de São Paulo, cortando a praça da Sé, a rua Boa Vista, rua XV de Novembro, o largo São Bento, etc. Nessa região, inúmeros prédios, alguns com mais de 20 andares, haviam sido construídos no início do século XX.

Além das fundações desses edifícios, que chegavam a profundidades em torno de 25 metros, havia as redes de água, luz e esgoto. O Tatuzão era a única maneira de passar por esse emaranhado de instalações. Teve de operar a um nível de 40 metros de profundidade, como um submarino, tomando cuidado para não provocar instabilidade do solo.

– Não tivemos um recalque diferencial. A drenagem das águas subterrâneas no buraco aberto pelo Tatuzão carrega consigo partículas finas de areia. Isso pode ocasionar uma instabilidade do solo. Com os recalques diferenciais poderiam ocorrer rachaduras nas paredes ou desvio de alguns centímetros desses edifícios.

Nada disso aconteceu.

– Não teve uma parede que rachou, não teve uma construção, uma casa, uma igreja que tenham apresentado qualquer problema.

É uma análise de um engenheiro profissional e serviu para tirar o Metrô daquilo que ele chama de "mídia negativa" .

Outra obra dessa primeira administração que teve intensa mídia negativa foi o chamado "Minhocão", apelido que a população atribuiu ao elevado Costa e Silva, que liga a praça Roosevelt ao largo Padre Péricles, no bairro das Perdizes. A obra foi construída em tempo recorde, 13 meses, e inaugurada em 1970. A prefeitura utilizou concreto pré-moldado na sua execução. Por ordem do prefeito, instalou-se na avenida Duque de Caxias um canteiro onde as estruturas de concreto eram montadas. Até hoje essa obra gera polêmicas.

Certa vez Maluf recebeu um telefonema de Octávio Frias de Oliveira, na época sócio do Carlos Caldeira Filho na *Folha de S.Paulo*. Seu Frias, como era conhecido, era um interlocutor contumaz do prefeito. Havia circulado pelo Minhocão e, entusiasmado com a rapidez com que chegara até a Barão de Limeira, sede do jornal, sugeriu a Maluf que usasse mais o Minhocão nas suas propagandas. Maluf riu muito e disse ao Octávio Frias: "Eu não preciso fazer marketing do Minhocão. A *Folha* vive dizendo que a obra é minha e que mais cedo ou mais tarde vai ser demolida".

O argumento principal de renomados urbanistas contra o Minhocão era o de que toda a região situada nos baixos do elevado degradara-se, tornando-se um local de reunião de marginais, mendigos e prostitutas.

A seção "São Paulo pergunta" do *Jornal da Tarde* – vespertino do *Estadão* –, de 14 de fevereiro de 2006, abriu quase meia página para cidadãos discutirem a enésima proposta de demolição do elevado feita por um especialista. De 11 leitores que se manifestaram, 9 eram favoráveis a que o Minhocão fosse mantido onde está, apenas necessitando ser revitalizado, sem perder sua utilidade.

Um deles argumentou: "A deterioração na avenida S.João foi muito anterior à construção do elevado. As famílias já haviam vendido seus ótimos apartamentos e mudado para outros bairros porque a avenida já estava sendo invadida pelo comércio, garotas de programa, etc.".

Outro jornal, o *Diário Popular*, fez há algum tempo uma pesquisa entre os moradores da região. A maioria disse gostar do Minhocão, até porque, nos finais de semana, quando ele é fechado ao acesso de veículos, torna-se opção de lazer para caminhadas e passeios de bicicleta, numa área densamente povoada e carente de espaço para esse fim.

De 1969 a 1971, Maluf construiu 78 viadutos, como o viaduto Antártica, no Sumaré, diversas pontes, entre elas a do Morumbi, duplicou as avenidas marginais do rio Tietê e

Pinheiros com a pavimentação de 60 quilômetros das pistas. Avaliando seu desempenho em apenas dois anos à frente da prefeitura, Paulo Maluf faz as contas: "Penso que em dois anos fiz muito mais obras do que Faria Lima realizou em quatro anos".

Enfim, foram tantas as obras, que muitas vezes provocam situações curiosas. Como aconteceu no dia em que depois de sair com d. Sylvia em direção ao Pacaembu pelo complexo viário das avenidas Dr. Arnaldo, Rebouças, Paulista e rua da Consolação, ouviu dela um comentário na linha do "ficou muito boa esta passagem construída pelo Figueiredo Ferraz". Maluf quase saiu do sério: "Essa obra é minha, o Figueiredo Ferraz trabalhou nela contratado pela prefeitura como calculista de concreto!".

Mais sério do que o equívoco provocado por d. Sylvia foi uma afirmação recente do jornal *O Estado de S. Paulo* colocando dúvidas sobre a construção de um trecho das marginais. Maluf determinou à sua assessoria que respondesse ao jornal, e ela o fez mencionando até o número do contrato da obra.

Durante sua primeira passagem pela prefeitura, Maluf teve um desentendimento sério com o jornal. O *Estadão*, de fato, era implacável com o prefeito. Tanto que, quando faltava uma acusação ou denúncia determinada, o pauteiro da redação – a pessoa que distribui as tarefas entre os repórteres – colocava simplesmente a seguinte observação: "Fulano de Tal: Pau no turco".

Cansado de "levar pau" dos Mesquitas, Maluf ligou para Edmundo Monteiro, da TV Tupi, e leu uma carta ao vivo para toda a rede de rádio e TV do Assis Chateaubriand. Maluf recorda:

– Me defendi e os ataquei. Contei a história deles, mostrando que não tinham autoridade moral para me criticarem daquela maneira. Fiz questão de ler a carta porque se eu apenas a tivesse encaminhado tenho certeza de que não seria publicada. Eles continuaram descendo o cacete em mim, mas eu não me amedrontei.

Independentemente da animosidade entre Maluf e o jornal, ele comprovaria sua idéia de que algumas coisas não se pode levar a ferro e fogo. Em 1969, quando Julio de Mesquita Filho morreu, o prefeito Paulo Maluf o homenageou dando seu nome a uma das obras que iria inaugurar: o viaduto da ligação Leste–Oeste. Não seria a única demonstração de respeito para com seus adversários. Em setembro de 1996, quando foi prefeito pela segunda vez, Maluf inaugurou a ponte sobre o rio Tietê que fica em frente à sede do *Estadão* com o nome de Julio de Mesquita Neto.

Logo que Maluf assumiu a prefeitura, recebeu um pedido especialíssimo. D. Maria Estéfano Maluf, sua mãe, um dia ligou para o filho para saber se ele podia fazer um "ato de caridade". "Pois não, mãe", respondeu Maluf. "É para o Jorginho", começou a explicar d. Maria. "Ele tem seis filhos, está passando necessidade e queria uma banca no Mercado Municipal." Jorginho era uma pessoa que prestara serviços a d. Maria, embora Maluf não o conhecesse bem. "Mãe, me dá o nome completo dele", respondeu o prefeito. D. Maria deu o nome. E deve ter se surpreendido com a resposta do filho: "Mãe, avisa o Jorginho que ele nunca vai ter uma banca no Mercado Municipal, porque lá só é admitido por concurso". E acrescentou: "E eu estou lhe poupando, mãe. Se souberem que indo à sua casa podem conseguir uma banca no Mercado Municipal, vão formar uma fila na sua porta de dar voltas no quarteirão. A senhora precisa avisar o Jorginho, ou quem fizer um pedido por seu intermédio, que ele jamais será atendido. Estou fazendo isso para que a senhora compreenda e para preservá-la".

Ao falar da mãe, o hoje deputado federal Paulo Maluf ainda se emociona. Ele define d. Maria como "uma matriarca rara no mundo de hoje". Era católica fervorosa, e até o último dia da vida comungava diariamente.

– Era um pilar da família. As irmãs, os sobrinhos, os filhos, todos se aconselhavam com ela. Isso para não falar nos almoços de domingo, que eram sagrados na casa dela.

Esses almoços dominicais eram cercados por um ritual imutável. D. Maria sentava-se numa cabeceira da mesa, e Roberto, o filho mais velho, na outra. Paulo, até mesmo quando se tornou governador do estado, ocupava apenas o lugar que lhe era destinado. Na cabeceira, sempre d. Maria e Roberto.

D. Maria viu a família crescer ao redor da mesa. Até a chegada do primeiro bisneto, Otávio Maluf Junior. Num desses almoços, d. Maria, de forma muito carinhosa, perguntou ao bisneto: "Otavinho, querido, quando você crescer você vai ser engenheiro ou industrial?" Otávio, com 4 anos, respondeu: "Não, bisa, eu vou ser *playboy*...". D. Maria quase desmaiou.

Otávio hoje tem 22 anos e trabalha na controladoria da empresa da família.

D. Maria Estéfano Maluf faleceu em 9 de junho de 1989.

Maluf, fiel ao diálogo que teve com a mãe a propósito do Jorginho, nunca atendeu a pedidos desse tipo e jamais empregou parente no serviço público.

CAPÍTULO V

A SOMBRA ALONGADA DE UM HOMEM

De acordo com as regras do regime vigente, Laudo Natel foi indicado governador do Estado de São Paulo, sucedendo Roberto de Abreu Sodré. Tomou posse em 15 de março de 1971. Natel, político ligado ao banqueiro Amador Aguiar, fundador do Bradesco, já fora escolhido uma vez para vice-governador de Adhemar de Barros. E exerceu o cargo de governador entre junho de 1966 e março de 1967, num mandato tampão, devido à cassação de Adhemar pelos militares. Além disso, conhecia bem Paulo Maluf. Foram companheiros na Associação Comercial de São Paulo.

Dentro das regras da Constituição, cabia ao governador indicar um nome para a Prefeitura de São Paulo. Embora Paulo Maluf tivesse feito uma administração eficiente nos dois anos em que ocupou o cargo, Natel indicou José Carlos de Figueiredo Ferraz para ser o novo prefeito.

Maluf, hoje, reconhece:

– Eu gostava de ser prefeito. De qualquer forma, a indicação de Figueiredo Ferraz me deixou feliz. Ele havia sido meu professor na Escola Politécnica nos terceiro e quarto anos, nas cadeiras de Resistência dos Materiais e Estabilidade das Construções. Era um engenheiro de formação estupenda [este adjetivo está sempre presente nos comentários de Maluf]. Tinha uma grande firma de projetos, a Figueiredo Ferraz, que havia inclusive realizado obras para a minha gestão, e deixou um nome em São Paulo. Tanto é que em 1996, quando ele faleceu, eu voltara a ser prefeito de São Paulo, e na avenida Jacu-Pêssego, que estava construindo, dei o nome de José Carlos de Figueiredo Ferraz aos dois maiores viadutos daquela obra.

Qualquer um que conheça um pouco a intimidade do poder sabe que político não gosta de ter competidores ao seu lado. O governador Natel se sentia incomodado com o crescimento de um possível concorrente e fez de tudo para que Maluf não continuasse prefeito. Mas o governador também sabia que não poderia simplesmente descartar o prefeito de São Paulo. Assim, Natel convidou Paulo Maluf para ser seu secretário de Transportes. E justiça lhe seja feita, deu a Maluf carta branca para trabalhar.

Maluf pensou durante quatro dias se aceitava ou não o convite. Analisava se seria uma diminuição de *status* deixar de ser prefeito para ser secretário do governador. Tinha dúvida se a vida pública é ou não uma carreira onde só se deve subir. Foi se aconselhar com uma pessoa que ainda hoje Maluf considera ter sido para ele uma espécie de "preceptor político", Antonio Gontijo de Carvalho. Era o editor do *Digesto Econômico*, da Associação Comercial de São Paulo. Ele disse a Maluf: "Aceite!". E explicou sua teoria: "Vida pública é vocação. E o cargo é a sombra alongada de um homem". O que Gontijo queria dizer com essa frase? Maluf explica:

– Quando um homem desempenha bem sua função, a sombra dele é bastante grande. Quando ele é um mero despachante de papéis, a sombra dele é pequenina. A sombra de um pigmeu.

A sombra de Maluf rapidamente começou a crescer no governo Laudo Natel. Ele admite que, com seis meses de trabalho intenso, tomara conta de alguns dos principais programas do governo. Uma das primeiras iniciativas do novo secretário foi o lançamento do Proinde, um plano de interiorização do desenvolvimento baseado na construção de 20 mil quilômetros de estradas no Estado de São Paulo.

Seu gabinete na Secretaria de Transportes passou a receber, independente de agenda prévia, dezenas de prefeitos e vereadores do interior. Anotações mostram que num único dia Maluf despachou com quase 50 prefeitos. Começava aí a construir aquilo que ele chama de "capital político", que o conduziria mais tarde ao governo do estado. Nos despachos não se falava apenas em asfaltamento de estradas.

A secretaria começou a planejar e executar as primeiras experiências de navegação do rio Tietê. Tinha sob sua responsabilidade as cinco ferrovias do governo do estado: Sorocabana, Companhia Paulista, Araraquarense, Mogiana e a São Paulo–Minas. Cuidava também da Viação Aérea São Paulo, a Vasp.

Muito importante para o futuro político de Maluf nesse corpo a corpo com as lideranças do interior foi o fato de ele poder medir a temperatura do regime junto às bases políticas. E começou a perceber certa insatisfação com algumas decisões do chamado "sistema". Ou seja, do regime militar.

Antes de Maluf ser secretário de Transportes, o governo do estado administrava cinco ferrovias que concorriam entre si. Cada uma tinha a sua diretoria, o seu corpo técnico, o seu quadro de funcionários, etc. Todas tinham um déficit crônico. E com um detalhe: seus trens corriam em bitolas diferentes – a bitola internacional mede 1,434 metro.

Quando aconteceu o *boom* das ferrovias, entre 1860 e 1880, militares e alguns diplomatas brasileiros achavam que, se o Brasil adotasse essa bitola, o país ficaria vulnerável ante uma invasão da Argentina via ferrovia. Hoje, claro, esse temor não faria qualquer sentido. Imaginem as tropas argentinas desembarcando de um trem em plena estação Pedro II, da Central do Brasil, no Rio de Janeiro.

As ferrovias paulistas foram vítimas dessa miopia estratégica. A Paulista e a Araraquarense usavam bitola de 1,60 metro. A Mogiana, a Sorocabana e a São Paulo–Minas rodavam em bitola de 1 metro.

Diante desse quadro confuso, Maluf propôs a fusão das cinco ferrovias numa única empresa. Nascia a Fepasa – Ferrovias de São Paulo S. A. – em 10 de novembro de 1971, numa cerimônia no Palácio dos Bandeirantes. Seu primeiro presidente foi um general gaúcho, Jaul Pires de Castro, que Maluf admira até hoje, "pois fez as coisas funcionarem". Pires de Castro fez o esboço jurídico da Fepasa e livrou a empresa de diversos "esqueletos", iniciando o combate aos prejuízos constantes.

Duas realizações importantes marcam a gestão Paulo Maluf em relação à Fepasa: a construção do ramal ferroviário da Refinaria de Paulínia, vizinha a Campinas, e a introdução do terceiro trilho na Serra do Mar.

A Refinaria de Paulínia está entre as duas maiores do Brasil, ao lado da Duque de Caxias, no Rio de Janeiro. Paulínia não tinha como escoar seus derivados de petróleo a não ser pela via Anhangüera. É fácil imaginar o caos em que se transformaria essa – e as futuras rodovias – com o tráfego pesado de caminhões transportando carga perigosa.

Daí a necessidade de construir um ramal ferroviário dentro da refinaria. E ele foi construído de forma a receber tanto os trens de bitola estreita quanto os de bitola mais larga. A instalação foi planejada para que os vagões-tanques fossem automaticamente abastecidos no pátio, pesados na entrada e na saída, e lacrados. Maluf diz que foi uma obra de significado nacional e internacional e que, no entanto, ficou esquecida na história de São Paulo. Foi uma das realizações mais importantes que fez para desafogar as rodovias do estado.

Já a colocação do terceiro trilho poderia ser qualificada como uma invenção genial se não fosse tão simples. Ela consiste na implantação de um trilho a mais na bitola de 1 metro, de forma que ela possa rodar vagões de 1,60 metro. Ou, inversamente, colocar um terceiro trilho de 1 metro de bitola onde estejam instalados trilhos de bitola larga. Assim, qualquer vagão, independente da bitola, pode usar a ferrovia. A primeira experiência no Brasil aconteceria na descida da Serra do Mar, que liga São Paulo ao porto de Santos.

Em 1971 só havia duas formas de se chegar ao litoral via ferrovia. Ou se descia a Serra do Mar pelo sistema "cremalheira", onde a locomotiva e os vagões são presos por cabos de aço, ou pela bitola de 1 metro da Estrada de Ferro Sorocabana. A Santos–Jundiaí, que usava o sistema "cremalheira", era uma ferrovia federal.

Maluf decidiu implantar o sistema do terceiro trilho na Sorocabana. Além dos trilhos, foi necessário trocar os dormentes e reforçar algumas pontes. Ainda assim, segundo Maluf, o custo saiu dez vezes menos que a construção de uma nova ferrovia. E libertou a Fepasa da obrigatoriedade de usar o traçado da Santos–Jundiaí. Transportar carga ferroviária, independente de bitola, via serra, por simples aderência, ficava muito mais barato.

Levar o desenvolvimento para o interior, no entanto, não significava apenas melhorar o desempenho das ferrovias e abrir novas estradas. Havia a perspectiva do transporte aéreo, que começava a despontar como alternativa real, inclusive com os vôos regionais dentro do estado. Empresas do porte da Varig, ou Cruzeiro do Sul, ou da extinta Real-Aerovias, não viam grandes vantagens comerciais em explorar, por exemplo, uma linha São Paulo–Ribeirão Preto. Mas Paulo Maluf detectou o potencial desse mercado e propôs ao governo do estado a criação dos vôos hoje chamados de terceiro nível.

O estado já estava solidamente plantado no mercado por meio da Vasp. Durante as gestões Maluf, na secretaria e no governo do Estado, a empresa aumentaria sua capacidade operacional com a ampliação da frota com mais 22 Boeings 737 e dois

Airbus A-300. Na década de 1970 a Vasp se tornaria a maior empresa do Brasil em vôos domésticos, já que a Varig detinha o monopólio dos vôos internacionais. Numa outra direção, utilizando aviões Bandeirantes, o primeiro modelo de avião de passageiros fabricado no Brasil pela Embraer, a Vasp passou a fazer vôos regulares entre a capital e cidades do interior.

Como decorrência da nova demanda de vôos para o interior, seria necessária a melhoria e a construção de aeroportos nessas cidades. Nesse período o governo asfaltou os aeroportos de Franca e Araraquara. Ampliou ainda os de Ribeirão Preto, Barretos, Marília, Presidente Prudente, Araçatuba e São José do Rio Preto. Mais tarde, como governador, construiu os aeroportos de Sorocaba, Avaré e Assis.

Essa malha de aeroportos, mais um aproveitamento racional da excelente pista de Viracopos, em Campinas, talvez ajudasse a resolver em parte o "apagão aéreo" e evitar as cenas grotescas de passageiros com nariz de palhaço cantando o Hino Nacional diante das câmeras de TV, protestando contra o congestionamento absurdo dos aeroportos brasileiros, especialmente os de São Paulo, Congonhas e Cumbica.

Mas em 1975, o então governador Paulo Egydio Martins praticamente pôs um fim na aviação de terceiro nível vendendo aviões e repassando concessão de linhas para um jovem piloto com grande tino empresarial, que acabaria se tornando um mito da aviação brasileira, o comandante Rolim Amaro.

– Com um pequeno rabicho insignificante da Vasp, o comandante Rolim construiu a TAM, a maior empresa aérea do país. Começou com cinco Bandeirantes comprados do governo, mais quatro Fairchilds, aqueles "patas-chocas", percorrendo o interior de São Paulo. E transformou uma quase sucata industrial em 50 ou 60 Airbus. Um patrimônio de 3 bilhões de dólares em aviões. Isso se chama gestão.

E termina, agora em tom de tristeza:

– Lamentavelmente os governos que me sucederam destruíram uma empresa modelo, a Vasp. Ela era orgulho de São Paulo.

São Paulo não tem praia. Ou melhor, a praia dos paulistanos fica a pelo menos 90 quilômetros, em Santos, e desdobra-se para os litorais norte e sul. Ainda hoje, nas vésperas dos "feriadões", intermináveis congestionamentos nas saídas e no *rush* da volta à capital podem ser testemunhados por qualquer um que assista ao noticiário nas TVs.

Podemos imaginar como era difícil a descida pela Serra do Mar antes da inauguração da rodovia dos Imigrantes. A via Anchieta, obra ainda do tempo do governo Adhemar de Barros, era o único caminho em direção ao mar. Estrada sinuosa, apertada em duas faixas de rolamento. As "curvas da estrada de Santos" seriam tema de música de Roberto Carlos, o ídolo da jovem guarda.

Paulo Maluf construiu uma superalternativa: a rodovia dos Imigrantes, planejada conforme os mais modernos conceitos de engenharia da época: seis faixas de rolamento, mais acostamentos no trecho do planalto e da baixada santista. Foi inaugurada em 1974. Construiu ainda a interligação entre a nova rodovia e a veterana Anchieta no trecho da Serra do Mar. O grande desafio, descer a Serra do Mar com um traçado moderno e suave, foi uma notável proeza de engenharia.

Mexer com aquela muralha de pedra que separava o litoral do planalto já provocara uma tragédia no início do governo Abreu Sodré. As chuvas sempre intensas entre a primavera e o verão resultaram num deslizamento de grandes proporções que soterrou parte da cidade de Caraguatatuba, no litoral norte, em 1967. A cidade e toda a região ficaram isoladas. Mais de 400 mortes. Milhares ficaram desabrigados. Os trabalhos de resgate das vítimas chamaram a atenção da imprensa de todo o mundo.

A partir daí, abrir um novo caminho em qualquer ponto da Serra do Mar passou a ser um tabu. Especialmente na direção de Cubatão. Um deslizamento semelhante ao que atingira Caraguatatuba poderia levar de roldão instalações da Cosipa (Companhia Siderúgica Paulista), da Petrobras, Light, Union Carbide, Rhodia e todas as empresas exportadoras de adubos que mantinham seus armazéns ali. Além do que poderia afetar a estabilidade da represa Billings, responsável por parte do abastecimento de água de São Paulo.

Os engenheiros da Secretaria dos Transportes, comandados por Maluf, junto com a diretoria da Dersa, empresa que cuidava das estradas paulistas, ousaram desafiar o tabu. Fez-se um projeto sem cortes e sem aterro, de forma que tanto a mata como o solo recebessem o mínimo impacto possível.

A descida ou subida da serra pela Imigrantes é uma sucessão de túneis e viadutos. Na pista, quando termina um túnel, começa um viaduto. Quando termina um viaduto, começa um túnel. Os ajustes e detalhes dessa obra, que transformou a Imigrantes numa das rodovias mais arrojadas da face da Terra, eram discutidos por engenheiros de altíssima qualificação, sempre com a presença do secretário Maluf nas já rotineiras reuniões das sextas-feiras.

O novo caminho oferecido aos paulistanos para eles aproveitarem seus feriados *al mare* foi comemorado com grande alegria. Mas na inauguração do trecho do planalto, em 1974, Maluf diz que a maior atração do evento foi a presença do apresentador de TV Silvio Santos. Na época, Silvio, já um grande sucesso de mídia, tinha programa dominical de 6 horas na TV Record.

– Foi até muito bom. No dia seguinte os jornais registraram a inauguração e deram, com grande destaque, a presença de Silvio. Quem foi ler a notícia sobre Silvio Santos ficou sabendo que a estrada estava entregue.

Paulo Maluf, como se vê, já conhecia a curiosa lógica da mídia.

CAPÍTULO VI

APRENDENDO A JOGAR

Paulo Maluf, ex-prefeito da maior cidade do Brasil, secretário mais atuante do governo do maior estado brasileiro, estava àquela altura definitivamente contagiado pelo vírus do homem público. Os 12 anos que passara na Eucatex trabalhando com o irmão Roberto lhe pareciam etapa superada. Claro que os contatos feitos no mundo empresarial teriam grande peso na sua história. E também a sua origem, filho e neto de grandes empresários.

Sua irmã mais velha, Nelly, por exemplo, casou-se com Ricardo Jafet, um dos mais poderosos industriais de São Paulo. Jafet acabaria sendo nomeado pelo então presidente da República, Getulio Vargas, para a presidência do Banco do Brasil. Jafet e Nelly levaram para o Rio de Janeiro, na época a capital do país, uma das melhores tradições das famílias árabes: a de bem receber.

Ficariam marcadas na história do segundo governo Vargas – e na memória do jovem Paulo Maluf, então com 19 anos – as recepções oferecidas pelo casal a deputados, ministros, senadores, chefes de estado, etc. na cobertura dúplex da avenida Ruy Barbosa, 350, no Morro da Viúva.

Além das reuniões festivas, um grupo de amigos do presidente do Banco do Brasil se encontrava regularmente para partidas de *bridge*. Desse grupo faziam parte o senador Arthur

Bernardes, o dr. Antonio Gallotti, presidente da Light, o procurador-geral da República, dr. Bahout, e o jornalista Roberto Marinho. Quando faltava algum jogador, o rapazola Paulo Maluf eventualmente compunha a mesa. Maluf sempre foi bom jogador de *bridge*, "o xadrez do jogo de cartas", como ele define.

No jogo político dominado na época pela Arena (Aliança Renovadora Nacional), partido criado pelo governo militar para representar politicamente o "sistema", Maluf não poderia mais ser ignorado. Em 1974, último ano de sua gestão frente à Secretaria dos Transportes, ele já tinha cacife considerável que lhe permitiria aspirar a candidatura ao Senado. No início daquele ano o regime já havia definido que o futuro presidente da República seria o general Ernesto Geisel e que o futuro governador de São Paulo seria Paulo Egydio Martins. Para disputar a vaga para o Senado, a tendência da Arena, o partido oficial, seria indicar o nome do ex-governador Carvalho Pinto.

Maluf já havia conversado com o general Geisel sobre o quadro político em São Paulo: "General, o senhor quer ganhar a eleição ou quer que o Carvalho Pinto seja candidato?". Geisel: "Como assim? Nas pesquisas que temos o Carvalho Pinto é o preferido para o Senado". "Não ganha, general. Eu estou em contato direto, quase diário, com o interior do estado. As pessoas querem renovação." Geisel apenas ouviu a observação e mudou de assunto.

Em março de 1974, Maluf foi convidado por Paulo Egydio para uma reunião na sua casa, em Campos do Jordão. Maluf seguiu de helicóptero para o encontro, levando de carona o então senador José Sarney.

Numa conversa reservada, sem a presença de Sarney, Paulo Egydio fez um apelo a Maluf. Em síntese: "Apóie o Carvalho Pinto e você continua trabalhando comigo. Em que área você se sentiria confortável?", quis saber. Maluf respondeu: "Eu gosto muito das coisas que estou fazendo. Se eu puder continuar com você como secretário de Transportes, melhor. Senão, numa área afim, que é de engenharia".

Maluf desistiu de sua candidatura ao Senado e mergulhou de cabeça na campanha da candidatura de Carvalho Pinto, trabalhando especialmente junto ao pessoal do interior. Mas ocorreu um imprevisto. Em plena campanha, Carvalho Pinto teve um problema coronário. Na realidade, quem acabaria fazendo a campanha seria sua filha, Lucília, com muito entusiasmo, e seu marido. Lucília, Maluf, Paulo Egydio e toda a cúpula da Arena percorreram o estado. Mas não deu.

Como Maluf previra no seu encontro com Geisel, o povo queria renovação. Naquela eleição, o partido da oposição, o MDB (Movimento Democrático Brasileiro), fez 16 senadores entre os 22 estados da época. Foram as 16 derrotas que abalaram o país, título de um livro do jornalista Sebastião Nery. A população de São Paulo renovou escolhendo o até então pouco conhecido prefeito de Campinas, Orestes Quércia.

Após as eleições, Maluf foi à casa de Paulo Egydio, no bairro de Pinheiros.

– Era uma noite muito fria. Fomos tomar um uísque e, naturalmente, decidir qual seria meu futuro no governo. Para minha sorte, ele não cumpriu nada do que prometera.

Paulo Egydio ofereceu a Maluf um cargo em uma empresa fomentadora de exportação que praticamente nem existia. Uma sala na alameda Santos, sem nenhuma expressão política e sem nenhum poder de decisão. Nas palavras de Maluf, "era um cartório".

Maluf declinou do convite informando ao governador que ele não precisava nem de emprego nem de salário. Emprego, ele tinha o de diretor da Eucatex. "O que eu almejava era um cargo onde eu pudesse construir alguma coisa importante", lembra Maluf.

Paulo Salim Maluf voltou para a Associação Comercial, onde era primeiro vice-presidente, e concorreu à eleição para a presidência da instituição. Seu competidor nessa disputa foi o empresário Felipe Kayralla, colocado na fogueira como o anti-Maluf e apoiado ostensivamente pelo governador Paulo Egydio. Maluf o derrotou e tornou-se presidente da Associação Comercial de São Paulo.

O que Paulo Egydio não sabia é que Maluf já conhecia previamente o enredo de tudo o que aconteceria depois das eleições. Ele tinha um grande amigo, Hermenegildo Sá Cavalcanti. Por mais de 20 anos, Cavalcanti foi o representante do governo do Ceará no Rio de Janeiro. Jornalista muito bem relacionado, trabalhava havia muitos anos no *Globo*, tinha informações privilegiadas e gostava de articular politicamente.

Hermenegildo, logo após as eleições, confidenciou a Maluf o conteúdo de um diálogo ocorrido entre o já governador Paulo Egydio e o então senador Antonio Balbino, da Bahia, na calçada do escritório político que o general Geisel mantinha no Rio, no largo da Misericórdia.

Balbino perguntou: "Como está São Paulo?". Egydio respondeu: "Ótimo! Do 'turco' eu me livrei!".

Paulo Egydio, na avaliação de Maluf, o ajudou no episódio:

– Ele não cumpriu um compromisso que assumiu comigo. Quando o Hermenegildo me contou essa história, intuí que pela mão dele eu nunca seria nada.

Na Associação Comercial, Maluf decidiu: "Vou fazer política pela base, não pela cúpula". Apesar de conviver com a elite, de ser excepcional conhecedor de bons vinhos, Maluf tem facilidade especial no trato com pessoas mais simples.

A jornalista Marília Gabriela, no seu livro *Cara a cara*, em que registra as entrevistas dos principais políticos do país dos anos 1970 a 1990, analisa a impressão que lhe causaram os entrevistados.

Falando sobre Paulo Maluf, Gabi escreveu: "Seu jeito, que para os formadores de opinião transparece arrogância, acaba atraindo os humildes. Na emissora, por exemplo, sempre fica cercado por faxineiros, carregadores de cabo, contínuos, pessoas que se juntam para assistir à entrevista. Troca aquele carisma tradicional – tipo Jânio das grandes tiradas – pela sinceridade absoluta".[1]

Esse fascínio que faz com que Maluf seja atração para as pessoas, especialmente as mais simples, ele consegue manter até hoje, 30 anos depois.

Nos corredores da Câmara Federal são comuns cenas quase cômicas, principalmente com senhoras e moças que, ao avistarem Maluf, largam tudo o que estão fazendo – inclusive uma eventual conversa com outro parlamentar – para seguir atrás dele. Antigamente pediam autógrafos. Hoje, graças às modernas tecnologias, pedem para ser fotografadas ao seu lado.

Cena similar eu presenciaria ainda outro dia, uma quinta-feira à tarde, o dia da "debandada" dos deputados, no aeroporto de Brasília. Havia no mínimo uns 15 parlamentares circulando pelo saguão sem serem importunados. Menos Maluf. A cada momento aparecia alguém solicitando: "deputado... deputado... por favor, uma foto".

Depois de um dos últimos feriados prolongados, ouvi dele o seguinte relato:

– Eu estava no Ceará, numa fazenda de uns amigos, quando veio o capataz me pedir um favor. Eu disse: "Pois não". O rapaz explicou que a moça da ordenha, a que tira o leite das vacas, gostaria de ter uma foto comigo. Só que era muito tímida. Fizemos a foto, conversei com a moça, ela me contou parte da sua história.

Fazer política pela base significou para Maluf um trabalho de formiguinha e de obstinação. Sem cargo público, ele ficou liberado para, de 1976 a 1978, percorrer o estado travando contato com delegados da Arena, reencontrando prefeitos e chefes

---

1. Marília Gabriela. *Cara a cara com Marília Gabriela* (São Paulo: Siciliano, 1993), p. 248.

políticos locais, enfim no corpo-a-corpo em que ele quase sempre conseguia impressionar favoravelmente seus interlocutores. Foi à casa de praticamente todos os eleitores que, no regime indireto, escolheriam o governador.

Inclusive daqueles que eram ostensivamente laudistas. Aí usava uma estratégia. Dizia que o Laudo era um candidato "estupendo", mas perguntava se o delegado o admitiria como segunda opção. Dezenas de votos pingariam nas urnas em função dessa "segunda opção".

Viveu, é claro, momentos de aflição, quase tensão. Numa das viagens programadas para visita a pelo menos 12 cidades, a esposa de um delegado do partido que morava num sítio, na cidade de Lutécia, convidou Maluf para o almoço. O delegado arenista estava muito reticente em confirmar seu voto a Maluf. Dizia que devia favores ao candidato Laudo Natel. Já a esposa era malufista assumida. Quando o delegado admitiu, finalmente, que votaria em Maluf, a esposa chamou o candidato num canto e lhe disse: "Agora o senhor vai ter que me fazer um favor". "Faço dez", respondeu Maluf, bem ao seu estilo. "O senhor vai comer uma galinhada conosco."

A dona da casa saiu incontinenti à cata do prato principal que ciscava no pátio. A comitiva malufista entrou em polvorosa. O almoço significava alterar toda a agenda do dia. Mas convite aceito é palavra dada. Maluf aguardou sem reclamar. Simplesmente tirou os óculos e ficou um longo tempo meditando, enquanto observava as cutículas, um hábito antigo. Leu o jornal local, um semanário, umas dez vezes. Decorou o obituário. Sabia nome e sobrenome de todos os mortos daquela semana.

Por dois anos seguiu essa rotina. Com um grupo de amigos fiéis tomava um avião e ia "até o final da linha". Por exemplo, Presidente Prudente, Andradina, São José do Rio Preto, São Joaquim da Barra, e voltava para a capital de automóvel. Visitavam em média 40 cidades por semana. Só regressavam no domingo à noite. Seus fiéis escudeiros eram Antonio Henrique Cunha Bueno e José Maria Marin, então deputados estaduais, Amaral Furlan, deputado federal, e Arthur Alves Pinto, vereador na capital. Sem esquecer o dedicado motorista Salvador. Aposentado, Salvador até hoje trabalha com Maluf.

Paulo Maluf começou essa peregrinação mirando a Convenção da Arena. Ou para o cargo de governador ou de senador. O chamado Pacote de Abril, de 1º de abril de 1977, colaboraria inadvertidamente para o sucesso do projeto político de Maluf.

Os motivos que levaram o governo a editar o pacote devem ser procurados lá atrás, em 1974, quando a Arena perdeu a maioria de dois terços no Congresso, condição essencial para aprovar uma reforma política ao gosto do presidente Geisel, que decidira encampar a idéia da abertura política, mas num ritmo que seria definido como "lento e gradual".

O jornalista Elio Gaspari, na sua série sobre o período de governos militares, afirma que durante quase dois anos Geisel chegou a imaginar a dissolução dos dois partidos criados e tolerados pelo regime, a Arena, governista, e o MDB, de oposição. Melaria o jogo político, mas seria como começar tudo de novo.[2]

O próprio governo Geisel, na sua caminhada lenta e gradual rumo a um regime mais aberto, caíra numa armadilha. As regras constitucionais fixadas sete anos antes pela Junta Militar na sucessão do general Costa e Silva, na Emenda nº 1, ainda em vigor, previam que as eleições fossem diretas para a escolha dos governadores juntamente com a renovação de dois terços do Senado, de toda a Câmara dos Deputados e de todas as Assembléias Legislativas.

Além disso, as previsões davam como muito provável a vitória do MDB em São Paulo, Rio de Janeiro e Rio Grande do

---

2. Elio Gaspari. *A ditadura encurralada* (São Paulo: Companhia das Letras, 2004), p. 353.

Sul. O regime de um governo em que a oposição tivesse maioria no Senado e seus estados concentrassem dois terços do Produto Interno Bruto (PIB) não poderia mais ser considerado ditadura. Seria uma incongruência.

Havia ainda a questão da sucessão de Geisel, que o presidente queria deixar encaminhada desde o início de seu governo para evitar que fosse atropelada por eventual ação da chamada "linha dura". A direção apontada por Geisel desde antes da sua posse já indicava para o general João Baptista Figueiredo.

Para Geisel, o general Figueiredo parecia o candidato ideal. Fiel à orientação do "grupo da Sorbonne", era aplicadíssimo nas suas funções de chefe do Serviço Nacional de Informações – pegava às 7 horas no trabalho e só saía no final do expediente. Divertia-se resolvendo questões de geometria plana. Nem é preciso lembrar que fora "tríplice coroado" na carreira militar. Ou seja, foi o primeiro da turma na Academia Militar, na Esao, Escola Superior de Aperfeiçoamento de Oficiais, e no curso de Estado-Maior.

Acionado pelo núcleo central do Planalto, o então ministro da Justiça Petrônio Portella usaria toda a sua habilidade para libertar o governo da armadilha da Emenda nº 1. Estava no tabuleiro, sendo negociada no Congresso, uma reforma do Judiciário, assunto que vinha sendo debatido havia anos. Petrônio, com muita sutileza, propôs uma troca, acenando com uma futura reforma política que conduziria o país ao desejado regime democrático, em vez de uma simples reforma do Judiciário.

A habilidade de Petrônio enfrentava a resistência do chefe oposicionista Ulysses Guimarães. No dia 9 de março, depois de várias conversas mais do que discretas, quase em segredo, Petrônio Portella e Ulysses Guimarães se encontraram formalmente e falaram quase duas horas. No dia seguinte, Ulysses levaria as propostas do governo ao Diretório Nacional do MDB.

Entre elas, o sacrifício das eleições diretas para governadores em 1978 em troca da discussão de uma reforma política abrangente. Pediu a opinião dos demais 15 membros do diretório. Resultado: a troca foi recusada por 15 a 0.

Na reforma do Judiciário o governo preservava dois institutos que a oposição rejeitava: negava o *habeas corpus* para os acusados de crime político e mantinha o direito do Executivo de remover e aposentar juízes. Eram os chamados "predicamentos da magistratura", tema tão distante do interesse público brasileiro como a intolerância entre turcos e curdos hoje, no norte do Iraque. Ou nem isso.

Os chamados "moderados" do MDB já haviam percebido o risco de se confrontar com o poder do AI-5 – ou seja, o poder militar – para defender teses tão específicas. Entre eles estavam nomes ilustres do partido, como Thales Ramalho, Tancredo Neves e Franco Montoro, então parlamentares.

Esses moderados chegaram a imaginar que haviam convencido Ulysses Guimarães de que não era chegado ainda o momento do confronto, mas sim da negociação. A saída então seria dar liberdade a cada parlamentar para votar de acordo com a sua consciência. O MDB não fecharia a questão sobre a reforma do Judiciário, um tema perfeitamente adiável.

Ulysses Guimarães concordou na aparência. Mas na hora em que o diretório do MDB se preparava para votar, Ulysses quebrou o compromisso assumido na véspera. Em vez de chamar Franco Montoro para encaminhar a votação, Ulysses, que presidia a sessão, chamou Paulo Brossard, com sua oratória de uma veemência ainda hoje lembrada no Senado.

Brossard falou, dinamitou o entendimento, o MDB fechou a questão. Era o temido beco sem saída. Na série sobre o ciclo de generais presidentes, Elio Gaspari revela que, terminada a reunião, os "autênticos" do MDB se reuniram num almoço festivo. Tancredo Neves e Thales Ramalho almoçaram a sós, num outro local.[3]

---

3. Op cit., p. 360.

Começaria aí um surdo mas efetivo conflito interno no MDB que iria ter influência na montagem do complô que levaria, 11 anos depois, Maluf a ser derrotado por Tancredo nas eleições indiretas para presidente da República.

O termo "complô", do francês *complot*, produz coceiras incômodas em dicionaristas e entre alguns analistas políticos brasileiros. Mas segundo o *Grande dicionário Larousse Cultural da língua portuguesa* (Nova Cultural, 1999), cabe seu uso para designar "resolução traçada em comum e secretamente contra alguém". Ou então, "maquinação, trama, conspiração e conluio". Nesse sentido, diga-se, foi usado com muita precisão pelos autores do livro *O complô que elegeu Tancredo*. Apenas observaríamos que, conforme a primeira acepção dada para a expressão pelo dicionário Larousse, o título do livro deveria ser "O complô que derrotou Maluf".

Três dias antes de anunciar o conteúdo do Pacote de Abril, o então todo-poderoso ministro-chefe da Casa Civil, Golbery do Couto e Silva, comentou com um jornalista de sua confiança: "Na hora de desembrulhar vocês vão ver que dentro do pacote pode haver uns bombons, umas guloseimas. Tudo depende do comportamento do MDB".

Poucos minutos depois de a reforma do Judiciário ser derrubada em dois turnos de votação – faltaram 40 votos para completar os dois terços necessários –, outro jornalista em quem Golbery confiava telefonou:

"E agora?"

"O Congresso será fechado."

"Quando?"

"Nas próximas 48 horas."

Paulo Maluf esmiuçou com atenção redobrada o texto do pacote. E encontrou os bombons a que o ministro se referia. Eram poucos, mas o suficiente para os seus projetos. O Pacote de Abril saiu de circulação em apenas 14 dias, por um ato complementar. Mas deixava seus frutos ao permitir que as indicações dos candidatos a governador e senador fossem feitas por meio da convenção partidária, com os votos dos delegados do partido, e não mais uma indicação do diretório aprovada pelo regime.

Ou seja, numa futura disputa na convenção, Maluf saía na frente. São Paulo na época contava com 571 municípios, a maioria já visitada por ele. Maluf acreditou que seria possível uma disputa de verdade na convenção. Levou o texto ao pé da letra. Decidiu: "Sou candidato a governador, independente, e sem compromissos com ninguém".

Lançou seu *slogan*:

"Delegado eleitor, Maluf governador."

CAPÍTULO VII

É FOGO! MALUF É GOVERNADOR

Fazia frio em São Paulo naquela manhã de domingo, 4 de junho de 1978. Um frio seco, com céu azul. Os arredores e todas as ruas e avenidas que levavam à Assembléia Legislativa estavam coalhadas de faixas, estandartes e galhardetes com os dizeres "Laudo – Governador". No mesmo trajeto, apenas algumas faixas lembrando o slogan "Delegado eleitor, Maluf governador".

No início da semana, o estafe da campanha de Paulo Maluf havia distribuído razoável quantidade de propaganda eleitoral por São Paulo. Mas alertado de que poderia sofrer impugnação de sua candidatura por fazer propaganda eleitoral indevida, Maluf concordou em recolher o material. Afinal o concorrente Laudo Natel, candidato "oficial" da Arena, conseguira o respaldo político do Planalto principalmente em função do insistente apoio que o futuro presidente João Baptista Figueiredo lhe emprestara desde o início das escaramuças da sucessão paulista.

Vista do Palácio do Planalto, a Arena chegava à convenção bastante dividida. O candidato preferido do presidente Ernesto Geisel era o então prefeito da capital, Olavo Setúbal, preferência também do governador Paulo Egydio Martins. Mas Olavo Setúbal não criou a necessária musculatura para enfrentar a convenção. Além disso, o prestígio de Paulo Egydio com o presidente da República já não era o mesmo do início do seu governo.

Outro postulante possível seria o então deputado federal Raphael Baldacci. Ele teria o apoio do influente ministro Golbery. Baldacci, a partir de certa data, passou a carregar no bolso do paletó, como se fosse uma jóia rara, um cartão de visita tamanho grande, onde Golbery, com sua letra miúda, escrevera num dos cantos: "Arregace as mangas". Ele exibia essa preciosidade a uns poucos jornalistas de sua confiança.

Com o Planalto dividido, acabaria prevalecendo a insistência de João Baptista Figueiredo no nome de Laudo Natel, apesar de este já ter tido duas passagens pelo governo estadual. Numa delas, inclusive, Figueiredo servira diretamente ao governador como comandante da Força Pública do Estado. Enquanto isso poucos acreditavam que Maluf enfrentaria o indicado pelo Planalto.

O edifício da Assembléia Legislativa de São Paulo é o mesmo até hoje, diante do parque do Ibirapuera. O ingresso no prédio se dava através de rampas, lançadas sobre um espelho d'água que não existe mais. Naquela manhã, 4 de junho, uma discreta comitiva onde se destacava um Ford Landau cor de vinho se aproxima da rampa de acesso. Dele descem Paulo Maluf, Amaral Furlan e José Maria Marin, os candidatos dissidentes, saudados entusiasticamente pelos delegados da Arena.

Maluf sobe a rampa e encontra na porta principal da Assembléia Jayme Monteiro, ex-prefeito de uma cidade do interior. Com seu estilo de fazer política com atitudes expansivas, falando sempre em voz alta, jamais ao pé do ouvido e em cochichos – e uma incrível memória para nomes, situações e telefones –, Maluf abraça o ex-prefeito afetuosamente e pergunta: "Jayme Monteiro! Como está Paraguaçu Paulista? E d. Ruth, como vai?".

Maluf e Jayme se conheciam dos tempos da Secretaria dos Transportes. Na porta da Assembléia, os dois conversam animadamente e se despedem de forma carinhosa. Aí Maluf vira-se para o ex-prefeito: "Jayme, só lamento que você esteja do 'laudo' errado".

Os dois caem na gargalhada. Jayme exibia na lapela um adesivo redondo, branco, e escrito em vermelho: "Laudo, Ruy e Maneco", a chapa oficial. Jayme era assessor do então secretário de Esportes e Turismo Ruy Silva, escolhido vice na chapa de Laudo, e Maneco, Manoel Gonçalves Ferreira Filho, vice-governador de Paulo Egydio, era o candidato ao Senado.

A intimidade e a naturalidade no diálogo reproduzido aqui são um exemplo da forma como Maluf se expõe na política. E de como se comunicou, durante os dois anos que antecederam a convenção, com os correligionários que iriam decidir quem seria o candidato ao governo do Estado.

Muitos acreditavam que toda a sua movimentação era apenas um jogo de cena com a finalidade de uma negociação. Quem sabe uma posição de vice na chapa oficial? Quem sabe a vaga para o Senado? Essas hipóteses em nenhum momento passaram sequer pela cabeça de Maluf. Além disso, o meio político e a imprensa duvidavam que ele partisse para um enfrentamento com as preferências de Brasília. Desde 1964, nunca ninguém ousara desafiar uma decisão vinda do Planalto. O candidato não entendia assim. Considerava sua pretensão legítima, pois afinal era o que estava escrito no Pacote de Abril.

Às vésperas da convenção, o SNI (Serviço Nacional de Informações), preocupado com os ruídos que começava a ouvir desde São Paulo, descobriu que Laudo Natel iria pagar um preço alto por não ter feito campanha no interior. Era preciso assim agregar à chapa alguém que fosse querido pelo pessoal das cidades interioranas. A escolha recaiu sobre o então secretário de Esportes e Turismo, o deputado Ruy Silva.

Ruy Silva estava distante do processo sucessório. Descobrira a força de Maluf nas constantes conversas que mantinha com prefeitos e chefes políticos do interior na sua secretaria. Dias antes da convenção, o telefone toca no seu gabinete. Era um convite para comparecer urgente em Brasília. Tinha uma reunião agendada com o general João Baptista Figueiredo no Hotel Aracoara, quartel-general do então candidato a presidente.

Ao voltar, reuniu sua equipe e avisou que fora indicado vice de Laudo Natel. Testemunhas dessa conversa dizem que Ruy Silva, um homem sério, não chegado a aventuras, não parecia nem um pouco entusiasmado com a novidade. Em todo caso, colocou seu time em campo. Mesmo com o tempo exíguo de que dispunha, Ruy Silva conseguiu virar muitos votos no interior.

Já Maluf trabalhou com afinco para chegar a essa convenção. A Associação Comercial de São Paulo, que ele presidia, realiza com freqüência seminários e palestras. Em janeiro de 1977, a associação preparou, com cuidados especiais, uma Conferência Nacional de Comércio Exterior, que mereceria a presença na jornada de abertura do presidente da República. Realizada no Anhembi, nos dias 22 e 23 de abril, o encontro reuniu quatro mil empresários do Estado de São Paulo, e o presidente Ernesto Geisel compareceu acompanhado de seis ministros do seu governo.

Como principal anfitrião, Maluf discursou apontando caminhos para a economia que resumiam o ponto de vista do nada desprezível PIB ali presente. Foi interrompido vinte vezes por aplausos. Maluf saiu convencido que seu discurso impressionara vivamente o presidente Geisel e os ministros presentes no Anhembi.

Após a conferência, houve um almoço no qual Maluf sentou-se entre Ernesto Geisel e o ministro da Indústria e Comércio, Ângelo Calmon de Sá. O ministro quis saber de Maluf quais eram seus projetos políticos imediatos. "Eu vou ser governador. Acho que eu ganho a convenção." E dirigindo-se ao presidente Geisel, indagou: "Presidente, a indicação para o governo do Estado será mesmo pelas convenções?". Geisel confirmou.

Uma semana depois Paulo Maluf desembarcou em Brasília para contatos políticos. Num almoço com a presença dos senadores José Sarney, Virgílio Távora e Alexandre Costa, comentou que iria disputar a convenção da Arena em São Paulo. Os interlocutores evidentemente acharam que tal afirmação não passava de mero sonho de Maluf.

De volta a São Paulo, a primeira providência de Maluf foi retomar a sua peregrinação pelo interior do estado, num período que vai de maio de 1977 a abril de 1978. Em inúmeras reuniões repetia que era candidato a governador e lembrava aos delegados que eles é que iriam votar. E inúmeras vezes enfrentou a questão: "O senhor é candidato do Geisel ou do futuro presidente?" – a indicação de Figueiredo era ainda segredo de um pequeno grupo de pessoas.

Maluf respondia: "Eu quero ser o seu candidato, sou o candidato de você".

"Como assim?", indagava, perplexo, o ouvinte. "Você é quem vai votar. O voto é seu. E é secreto", retrucava Maluf.

Nas semanas que antecederam a convenção, Maluf foi alertado por amigos, ouviu sugestões, ou simples palpites, a maioria recomendando cautela naquele momento.

O ministro Delfim Netto, por exemplo, relatou a Maluf uma conversa que tivera com o general Figueiredo. Tentando medir as condições de temperatura e pressão no chamado grupo palaciano, Delfim insinuou a possibilidade de ele, Delfim, também disputar a convenção. Figueiredo não costumava medir as palavras. Não era do seu feitio: "Se você for para a convenção, nós te cassamos". Delfim retrucou: "Mas o Maluf vai disputar". Ao que o futuro presidente repicou: "Não tem importância. O Paulo vai perder e convalidar a eleição do Laudo". Ou seja, nem o chefe do SNI acreditava na possibilidade de Maluf chegar ao governo.

Três semanas antes da convenção, Octávio Frias de Oliveira, um dos donos da *Folha de S.Paulo*, alertou Maluf sobre os riscos de ir para a convenção sem antes comunicar formalmente sua intenção ao presidente da República e ao ministro Golbery. Alegava que, sendo empresário, poderia sofrer retaliações através da sua empresa.

Maluf ouviu o conselho de Octávio Frias. Escreveu uma carta ao ministro Golbery que, no entanto, nunca entregou. Pensando melhor, achou que antes devia uma explicação ao presidente do seu partido, Francelino Pereira. E fez isso pessoalmente.

Quando Maluf chegou a Brasília, acompanhado do seu vice na chapa, José Maria Marin, foi diretamente para o apartamento funcional ocupado por Francelino. Ao entrar, surpreendeu-se com uma sala abarrotada de gente. Todos comemoravam a indicação de Francelino Pereira como candidato ao governo de Minas Gerais.

Foi com esforço que Maluf chegou até a roda onde estava Francelino. Abraçou-o e entregou-lhe uma carta, dizendo: "Eu escrevi isso para você e gostaria que você lesse". Francelino agradeceu emocionado e enfiou a carta no bolso.

No dia seguinte Maluf ligou para o apartamento de Francelino. Queria conversar pessoalmente sobre a carta. Francelino estranhou. Mas acertaram que Maluf passaria no seu apartamento às 11 horas. Na hora marcada, o apartamento continuava apinhado de gente. Para ter uma conversa mais reservada, Francelino levou Maluf para o seu quarto. Ali, sentados na cama de casal, Francelino perguntou:

"O que você quer, Paulo?"

"É sobre a carta", respondeu.

"A carta de congratulações que você me entregou?"

"Não, a carta em que eu digo que vou para a convenção."

Francelino finalmente leu a carta a que Maluf se referia. Ficou passado. Disse: "Você não vai para a convenção". Maluf retrucou: "Francelino, não existe lei que me proíba de ir".

Várias hipóteses devem ter passado como um raio na cabeça do então presidente da Arena. Entre elas a de que, se a moda pegasse, alguém poderia tentar uma aventura semelhante em Minas, na qual Francelino certamente teria dificuldade em sair vencedor. Afinal, havia mineiros ilustres, como Murilo Badaró ou Bias Fortes, que poderiam pleitear uma disputa contra um candidato que nem mineiro era – Francelino é do Piauí.

Francelino ponderou na mesma linha de Octávio Frias: "Você precisa falar com o Golbery. Convença o ministro que você pode ser candidato". Maluf relutou. Argumentou que, se fosse até o Golbery, poderia levar uma chave de galão e não sair candidato. Francelino fez que não ouviu. Pegou o telefone e ligou para d. Lurdinha, secretária de Golbery, marcando uma audiência para o ministro receber Paulo Maluf.

Maluf saiu. Foi almoçar com Amaral Furlan. Fez um relato sucinto do que acontecera no apartamento de Francelino, e ouviu de Furlan um diagnóstico definitivo: "Não vá. Você vai ser pressionado. Se eu fosse você, pegava um avião e voltava agora para São Paulo".

Maluf acabaria indo ao encontro do ministro às 4 da tarde daquele dia. Confessa que pouco antes da audiência estava com a pulsação alterada. Ao se defrontar com o ministro, por quem foi recebido muito cordialmente, Maluf esclareceu sua posição: "Ministro, há pessoas que preferem ser nomeadas. Eu quero disputar". Golbery despediu-se, desejando-lhe boa sorte.

Ainda em Brasília, Maluf decidiu comunicar, por telefone, a algumas personalidades sua intenção. Petrônio Portella respondeu com elegância: "Paulo, eu nunca influo nas decisões de meus amigos". Virgílio Távora ponderou: "Doutorzinho", ele chamava todo mundo de 'doutorzinho', "você já examinou os prós e os contras?". Maluf respondeu: "Senador, eu não tenho contra. Se eu não vou à convenção, vou para casa. Eu só tenho prós".

O jornalista Carlos Chagas, à época um influente articulista do *Estadão*, reagiu de forma até surpreendente: "Até que enfim surgiu neste país um homem de coragem".

Em seguida, Maluf visitou os senadores maranhenses Alexandre Costa e José Sarney, cujos gabinetes eram vizinhos. Sarney, surpreso, argumentou que com esse gesto Maluf poderia simplesmente acabar com os objetivos de 1964.

A imprensa paulista continuava a tratar Laudo Natel como futuro governador. Maluf, a uma semana da convenção, ainda aparecia na mídia como um *outsider*. Ele resolve então dar uma coletiva na Associação Comercial para dizer que, dos 1 261 delegados, ele tinha obtido a assinatura de 580 convencionais. Era uma espécie de alerta a Natel e um aviso à imprensa em geral.

Durante a entrevista, uma secretária veio avisar que o general Danilo Venturini, secretário do Conselho de Segurança Nacional e membro-titular do chamado "grupo palaciano", estava ao telefone. Maluf não interrompeu a entrevista. Apenas pediu à secretária que avisasse o general que estava no meio de uma entrevista e ligaria em seguida.

Quando ligou, ouviu do general Venturini, um homem normalmente afável, que mais parece um diplomata, uma advertência num tom quase áspero: "O senhor não pode ir à convenção porque essa é uma decisão revolucionária". Maluf respondeu que já conversara com Golbery a respeito do assunto e que não estava fazendo nada que não fosse do conhecimento do presidente Geisel.

Dias depois desembarcava em São Paulo o brigadeiro Délio Jardim de Mattos. O brigadeiro foi direto ao assunto. Indagou de Maluf que condições ele gostaria de ter para desistir da candidatura. Insinuou-lhe um ministério. Maluf respondeu que só havia três hipóteses para ele desistir: ser cassado, deportado ou morrer.

Não satisfeito, o governo central enviaria um outro interlocutor, o ex-ministro da Justiça Alfredo Buzaid. Ouviu a mesma resposta. O ministro Armando Falcão então pediria para Roberto Marinho ligar para Maluf.

"Paulo, você tem empresa, tem negócios. Quero te dar um conselho como se fosse seu pai. Eles podem te perseguir. Não os enfrente", disse Marinho.

"Eu não estou enfrentando ninguém. É a lei. A lei diz que quem tiver dez por cento de adesões dos delegados pode se apresentar como candidato. Se eu perder, eu vou respeitar o resultado", respondeu Maluf.

Maluf recebeu em sua casa, durante aquela semana, uma ligação de Laudo Natel. Confessa que não atendeu. Mandou dizer que não estava. Foi uma recusa de caso pensado. Se a imprensa soubesse que falara com Natel, imediatamente iria especular sobre uma possível composição.

A inscrição das chapas concorrentes teria que ser feita 48 horas antes da convenção, marcada para as 9 da manhã do dia 4 de junho de 1978, domingo. Maluf, prevendo uma possível conspiração contra sua candidatura, antecipou-se.

Na quarta-feira à noite, acompanhado de um grupo de advogados – Arnaldo Malheiros, pai, Paulo Lauro, Luiz de Oliveira Coutinho, Ayres Manoel Martins Torres e Otávio Sampaio de Almeida Prado –, mais um grupo de correligionários, Maluf entregou ao presidente da Arena em São Paulo, o professor Cláudio Lembo, a inscrição da chapa. Nesse ato apresentou 580 assinaturas de delegados.

Segundo Salim Curiati, que era membro da Executiva da Arena, e sempre fez parte do grupo que poderia ser chamado de "malufistas históricos", nos três dias seguintes a preocupação de parte da legenda era encontrar um meio para impugnar a candidatura Maluf. "Fizeram de tudo", diz Curiati, "até me ofereceram duas secretarias." Mas Curiati bateu o pé. Não havia motivo algum para a impugnação.

A lotação do plenário da Assembléia, já com gente transbordando pelos corredores, era de no máximo umas 500 pessoas.

Havia umas 3 mil, no mínimo. A votação, à moda tradicional, era em cédulas colocadas em urnas. Encerrada a votação, iniciou-se imediatamente a contagem dos votos.

Aí Maluf já começou a sentir que alguma coisa estava fora do *script*. A apuração começou pela suplência ao Senado. Algo totalmente desnecessário. Só havia uma candidata, a deputada Dulce Salles Cunha Braga. Em seguida, na apuração para governador, ao contrário da praxe nas eleições do gênero, em vez de se abrir cada envelope e anunciar o voto em seguida, foram abertos todos os envelopes e feitos montinhos sobre a mesa. Os montinhos de Maluf eram visivelmente maiores do que os de Laudo. A eleição estava ganha!

Subitamente, rolos de fumaça escura começaram a sair dos respiradouros, inclusive dos colocados sob as cadeiras da galeria. O corre-corre foi inevitável. Havia um incêndio, imaginaram todos.

Nesse momento, entraram em ação o presidente da Arena, Cláudio Lembo, e o observador eleitoral da Justiça Federal, o procurador da República Olavo Drummond. Eles tomaram as providências necessárias. Os votos foram todos recolocados nas urnas, elas foram lacradas, e chamaram a Polícia Militar para tirá-las dali.

Depois de um rápido impasse, prevaleceu a idéia de levar as urnas até o Tribunal Regional Eleitoral. Simpatizantes de Natel e Maluf não se importaram de fazer o trajeto até lá agarrados às urnas e acomodados no chiqueirinho dos camburões da PM. A viagem foi inútil. Um representante do TRE lembrou em boa hora que os votos não poderiam ser apurados ali. Afinal, o tribunal poderia ser acionado, como o foi, como uma instância de julgamento. Novo impasse estava criado.

Às 10 horas da noite alguém propôs trancar os votos num cofre e fazer a apuração no dia seguinte. Proposta recusada por Maluf.

Até que se lembrou das instalações do parque Anhembi, na direção do bairro de Santana. Quando a caravana de carros de polícia, seguida por dezenas de veículos de rádios, jornais e TVs, mais os já exaustos delegados e autoridades chegaram, depararam com uma multidão de nisseis, sanseis, etc... Estava sendo realizada no Anhembi a festa da Miss Colônia Japonesa.

Finalmente se encontrou nas amplas instalações do Anhembi um local que serviria para a contagem dos votos. Incontinenti, o grupo pró-Natel levantou uma questão. A apuração não poderia ser feita porque Natel não estava presente. Maluf entrou na discussão propondo uma solução aparentemente justa. Ele sairia da sala. Não assistiria a apuração. Mas impôs uma condição: "Eu quero a imprensa aqui dentro".

A apuração, que começara por volta das 17 horas de domingo, só terminaria na madrugada de segunda-feira. Em Brasília, sem a tecnologia de hoje, o Palácio do Planalto acompanhava pelo rádio os acontecimentos em São Paulo. O presidente Geisel soube por um rádio de pilha, às 3 horas da madrugada, num anúncio feito por Cláudio Lembo, que o candidato da Arena em São Paulo era o engenheiro Paulo Maluf. E deu o resultado da votação: 617 para Maluf, 589 para Natel.

A manchete do *Jornal da Tarde*, que ficara aguardando o desfecho até altas horas e saía da gráfica mais tarde, de madrugada, sintetizava os acontecimentos: "É fogo! Maluf é governador".

CAPÍTULO VIII

MEDINDO AS PALAVRAS

Maluf vencera a grande batalha, mas a guerra ainda não estava ganha. Ele sabia que para chegar ao colégio eleitoral e ser finalmente consagrado governador teria de superar vários obstáculos. O primeiro, a luta jurídica.

Começou a combater dando uma entrevista, às 13 horas da segunda-feira, para dezenas de repórteres, cinegrafistas e radialistas que se amontoavam nos jardins e nas calçadas da sua casa. Para atender a todos, seu assessor de imprensa na época, Aderbal Figueiredo, dividiu os jornalistas. Primeiro Maluf falaria para as TVs, que na época tinham de editar o material, depois às rádios e finalmente à mídia impressa.

– Foi uma das entrevistas em que eu mais medi as palavras. Uma palavra errada, um tom equivocado, podia significar a minha cassação. Afinal, o governo tinha à sua disposição o AI-5. Eu lembro que me valeu muito o conselho que o senador Petrônio Portella me dera por telefone, minutos antes: "Não se deve olhar para trás. O que aconteceu ontem à noite, você não tem que comentar. Você ganhou a convenção. É um fato. Você só deve falar em ganhar a eleição, em fazer uma grande bancada para o nosso partido". Foi o que fiz. Calmamente falei em distensão, na abertura política do presidente Geisel e na organização do partido para obter êxito nas votações para deputados.

A entrevista cuidadosa, pensada, foi um passo necessário para que o regime digerisse o que Paulo Maluf chama de "um trinta e dois pelo voto", referência à Revolução Constitucionalista de 1932. Mas ainda não era o suficiente. Numa outra trincheira, a jurídica, Laudo Natel recorreu ao Tribunal Regional Eleitoral. Tentou impugnar a candidatura Maluf envolvendo-o na intervenção do antigo BNDE (Banco Nacional de Desenvolvimento Econômico) na Fiação e Tecelagem Lutfalla, uma das maiores tecelagens do Brasil, propriedade de Fuad Lutfalla, seu sogro.

Alegava que, com a intervenção, os acionistas tiveram seus bens bloqueados, o que tornaria Maluf inelegível. Maluf informou que nunca participou da diretoria da empresa. Em fins de junho o TRE, por 6 a 0 e 5 a 1, derrubou a argumentação de Natel. Mais adiante o Tribunal Superior Eleitoral não acatou a denúncia por 4 a 2.

No dia 7 de agosto de 1978 o Decreto nº 82.088, assinado pelo presidente Ernesto Geisel e pelos ministros Armando Falcão, Mario Henrique Simonsen e João Paulo dos Reis Velloso, seqüestrara os bens da empresa e de seus diretores para ressarcimento de dívidas com o Tesouro. Fuad Lutfalla, de quem seus velhos companheiros e até concorrentes no ramo de tecidos falam ter sido um homem decente e até generoso, não resistiu aos novos acontecimentos e morreu sete dias depois, vítima de enfarto.

Passados cinco anos, em maio de 1983, como primeiro ex-presidente do regime militar a prestar depoimento à Justiça, o general Ernesto Geisel foi ouvido como testemunha num processo que Paulo Maluf moveu contra o então advogado Walter Amaral, hoje desembargador federal. O advogado o acusara de enriquecimento ilícito por ter intermediado empréstimos à empresa do seu sogro.

Geisel, que foi arrolado como testemunha de defesa do advogado, disse em depoimento que ignorava que Maluf tivesse usado seu prestígio pessoal ou político para obter empréstimos do governo, embora tivesse conhecimento das irregularidades que o levaram a assinar o decreto de confisco.

De qualquer forma, os dias que correram entre a convenção de 4 de junho de 1978 até o referendo pelo colégio eleitoral do dia 1º de setembro foram carregados de tensão. Mesmo derrotado nos tribunais, Laudo Natel esperava a qualquer momento um raio que fulminasse Maluf com o AI-5, suspendendo seus direitos políticos.

– Pensaram em me cassar. E eu quero registrar que isso não ocorreu porque o presidente Geisel era um homem íntegro e justo.

A partir de 1º de setembro, cumprindo o que dissera na primeira entrevista após ser indicado, Maluf sai novamente em campanha pelo interior. Agradecendo aos convencionais e pedindo votos para os candidatos da Arena. Ele sabia que aquela seria a última eleição indireta para os governos estaduais. E, mais importante, sabia também que havia sido o único governador de estado que não fora indicado pelo Palácio do Planalto.

No seu discurso de posse, em 15 de março de 1979, apresentaria o seu credo:

"Creio na compreensão e no diálogo, creio na liberdade, direito inalienável da pessoa humana, creio na democracia, porque se inspira no debate das idéias e no confronto das convicções, creio na convivência fraterna dos homens – postulado da civilização cristã –, creio na força do trabalhador de todas as profissões, creio na livre iniciativa como melhor instrumento para a conquista dos ideais do cidadão, creio na juventude, permanente força renovadora de nossa fé, creio em nossa tradição histórica como alavanca do nosso glorioso futuro, creio nos paulistas como paradigma de capacidade empreendedora e em São

Paulo, como pólo de energia irradiante para todo o país, creio no Brasil, que ocupará brevemente a liderança que lhe compete entre as grandes potências mundiais, creio em Deus".

O secretariado de Maluf seria, como se diz comumente, de "nível ministerial". Para a Saúde, o professor Adib Jatene, que mais tarde seria ministro de Fernando Collor e Fernando Henrique Cardoso. Para a Fazenda, o professor de economia Afonso Celso Pastore. Para a Justiça, um presidente do Tribunal, José Carlos Ferreira de Oliveira. Para o Planejamento, o economista Rubens Vaz da Costa, para a Educação, o então reitor na Unesp (Universidade Estadual Paulista), professor Luis Ferreira Martins.

A grande novidade do secretariado seria a nomeação de um civil para ocupar o cargo de secretário de Segurança Pública. Maluf foi o primeiro governador, depois de 1964, a adotar essa medida. Argumentando que para lidar com lenocínio, assassinato, drogas, etc. não havia necessidade de o secretário ser um militar, nomeou para o cargo o desembargador Otávio Gonzaga Junior.

Maluf governador, prosseguiram as reuniões às sextas-feiras com o secretariado e eventuais técnicos ligados aos temas em pauta. Ele seguia cobrando cronogramas e abrindo espaço para discussões sobre assuntos da administração.

Uma iniciativa marcaria o novo estilo malufista: o governo itinerante. O governador e sua equipe viajavam às sedes de regiões administrativas do estado. E por ordem alfabética. Araçatuba, Bauru, etc. Nas viagens, um trem com dez a doze vagões levava os secretários de estado, presidentes e diretores de sociedades de economia mista, autarquias, presidente e diretores do Banco do Estado, da Cesp, da CPFL e da Fepasa.

Não se programavam compromissos sociais. Chegando às cidades, governador e equipe despachavam com políticos locais e eventualmente com cidadãos comuns. Sem nenhuma burocracia, resolviam-se problemas fundiários, de transportes, jurídicos, de agricultura e até de financiamentos do Banespa.

O então ministro do Planejamento, Delfim Netto, dizia que Maluf era o presidente da República de quase 40% do Brasil, pois esse era o PIB do Estado de São Paulo.

Ao terminar sua administração, Maluf contabilizou 4 070 solicitações atendidas, equivalentes a 75% do total. Iniciativa similar foi feita na capital, com reuniões nas 17 Administrações Regionais paulistanas, que se denominou Governo de Integração.

Na Assembléia Legislativa e na Câmara Municipal de São Paulo, Maluf não teve as folgadas maiorias que facilitassem a sua administração. Na Câmara Municipal, Maluf deixava a indicação do administrador regional a cargo do vereador mais votado. Mas era implacável caso alguma meta ou objetivo não fosse atingido. Daí o alto índice de trocas de administradores na capital. No interior, repetia-se aproximadamente o mesmo procedimento.

Mesmo sabendo que sua situação como governador era única, Maluf não tem queixas do tratamento que recebeu do presidente João Baptista Figueiredo. A população paulista não sofreu retaliação, os recursos chegaram normalmente ao estado, e ele não sofreria nenhuma crise de autoridade ou constrangimento. Dizem que Maluf teria certa vez dito ao presidente Figueiredo: "O senhor não gosta de mim, mas um dia vai gostar". Essa previsão, contudo, nunca se realizou.

Uma outra iniciativa que marcou o estilo Maluf foi a criação dos GAPs (Grupos de Assessoria e Participação) que mobilizaram mais de 3 mil pessoas das mais diversas representações sociais e de classes.

A idéia, que o governador já havia testado quando prefeito, era baseada na experiência de Franklin Delano Roosevelt, que criou a figura chamada *one dollar year man*. Eram pessoas que assessoravam informalmente o presidente norte-americano sem receber remuneração.

O GAP-Governador funcionou como um autêntico banco de idéias no qual cabiam propostas como a utilização do álcool no abastecimento das frotas de carros oficiais (implementada), a criação da polícia comunitária (implementada), a criação dos "varejões" ou "sacolões" (implementada). Os GAPs também se dedicavam a estudos mais genéricos, como melhoria da saúde pública, geração de empregos, etc.

Durante três anos, 127 grupos apresentaram mais de 6 mil sugestões. Caso fosse um trabalho remunerado, calcula-se que uma assessoria desse nível custaria 1 bilhão de cruzeiros em moeda da época. Maluf, com os GAPs, estabeleceria em 1979, antes da proposta do Partido dos Trabalhadores, algo parecido com a chamada "democracia participativa", aquela onde os cidadãos saem da posição de críticos para se transformarem em colaboradores no gerenciamento do estado.

Uma listagem das obras realizadas por Maluf no governo do Estado tem seis páginas A-4, de 40 linhas cada, em espaço dois.

– Lembram muitas vezes as agressões que foram feitas contra mim. Mas não lembram as minhas obras. Eu tenho muito orgulho de tudo o que eu fiz. Porque ninguém anda um quilômetro dentro da cidade de São Paulo sem encontrar uma obra minha. E ninguém anda em nenhuma cidade do interior, das 645 que existem hoje – eram 571 na época – que não tenha dez obras minhas. Nas cidades de maior porte o número supera muito essas dez

No governo estadual, Maluf prosseguiu o trabalho que já vinha desenvolvendo como secretário dos Transportes de Laudo Natel. Na Secretaria ele costumava dizer que ela funcionava como "o pulmão do estado". E continuou sendo assim durante a sua gestão. Construiu, por exemplo, as pontes do Mar Pequeno, unindo os municípios de Praia Grande e São Vicente e eliminando os congestionamentos da velha e tradicional ponte pênsil. Ainda em direção ao litoral, em parceria com a prefeitura de Mogi das Cruzes, construiu a rodovia Mogi–Bertioga.

Outra obra de Maluf – essa pouco lembrada – foi o chamado "Corredor Norte", que liga a via Anchieta diretamente ao porto de Santos. No interior, foram feitas 30 estradas vicinais, totalizando 600 km, para facilitar o escoamento da produção. Prolongou em 70 km a rodovia Castelo Branco. Construiu em 22 meses a rodovia dos Trabalhadores, ou via Leste – renomeada rodovia Ayrton Senna em 1994 –, desafogando em 50% o tráfego pesado da via Dutra em seu trecho de maior trânsito, mais exatamente na saída da capital.

A Trabalhadores abriria um imenso corredor em direção ao Vale do Paraíba e ao litoral Norte de São Paulo. Para construir em tempo recorde, o governo e as empreiteiras mobilizaram 10 mil homens que utilizaram 800 caminhões e 4 mil máquinas. Números que o Brasil só conheceria nas construções das barragens de Itaipu e Tucuruí.

Essa obra, inaugurada em 1º de maio de 1982, é ainda hoje, em 2008, um tapete. Exceto por uma pequena ondulação do lado esquerdo da pista. Esses pequenos desníveis foram provocados pelo seu sucessor no governo do Estado, Franco Montoro. Na sua ânsia de buscar irregularidades da administração Maluf, Montoro deu-se ao trabalho de perfurar vários pontos da pista para verificar se as espessuras de concreto correspondiam ao custo da obra.

Os buracos foram abertos e fechados. Para decepção de Montoro, a análise do concreto comprovou a precisão dos custos pagos por Maluf e a excelente qualidade do concreto. Onde Montoro mandou fazer as suas "prospecções" o remendo não ficou absolutamente igual. "Ficou uma espécie de *band-aid*", diz Maluf, acrescentando:

– Foi bom que o Montoro tenha feito isso. Porque comprovou a qualidade do material utilizado. Infelizmente, ficaram essas pequenas ondulações. Mas elas são as minhas testemunhas.

Montoro foi um dos maiores desafetos políticos de Paulo

Maluf. Investigou durante meses, minuciosamente, todos os contratos assinados pelo seu antecessor. Quebrou unilateralmente os contratos de risco feitos pela Paulipetro, mandando lacrar os poços abertos pela empresa. Montoro, sem medir as palavras, referia-se ao seu adversário político como um megalomaníaco e construtor de projetos faraônicos.

Um deles era a construção do aeroporto internacional de São Paulo que Maluf, em parceria com o Ministério da Aeronáutica, fez em Guarulhos, conhecido como Cumbica. De faraônica, a obra não tem nada. O recente "apagão" aéreo demonstrou, ao contrário, que Cumbica necessita ser ampliado. E ironia do destino, a Câmara dos Deputados resolveu prestar uma homenagem ao ex-governador Montoro. Deu o nome de André Franco Montoro ao aeroporto de Guarulhos.

CAPÍTULO IX

RUMO AO PLANALTO

Paulo Maluf costuma dizer que sua vida pública foi marcada pelas agressões, críticas despropositadas, calúnias e mentiras muito mais do que pela verdade dos fatos. A oposição que, por razões óbvias, "aliviava" o governo federal – o AI-5 estava à mão para qualquer eventualidade – não poupava o governador de São Paulo. Até porque ficou claro desde o primeiro momento que João Baptista Figueiredo não compraria briga nem daria murros na mesa em defesa de Maluf, que o desafiara abertamente na convenção da Arena.

Como atingir Maluf na sua parte mais sensível? A resposta era fácil: desconstruindo seus projetos e suas obras. Com o aeroporto de Cumbica não seria diferente. A oposição alegaria, em primeiro lugar, que a construção do aeroporto em Guarulhos havia sido uma imposição do governo federal. Houve inclusive o lance tragicômico de um vereador do MDB que ameaçou deitar na entrada do canteiro de obras para impedir a passagem dos tratores.

Maluf explica que não houve imposição alguma. Estudaram-se todas as possibilidades antes da definição:

– Sou estudioso e cabeçudo. Primeiro estudioso.

Vinte e oito sítios possíveis foram analisados até a definição por Guarulhos. Falou-se em Ibiúna e Caucaia, também na Grande São Paulo, entre outros. Caucaia foi descartada por ser, nas palavras do próprio Maluf, "uma sucessão de Pão de Açúcar". E, por incrível que pareça, até hoje, passados mais de 25 anos, a discussão permanece.

– O custo de terraplenagem em Caucaia seria absurdo. Era como transformar aqueles morros todos numa mesa de bilhar com cerca de mil alqueires, 24 milhões de m^2.

A escolha do local foi precedida da análise das 28 alternativas. Optou-se por Guarulhos. Primeiro, era próximo a São Paulo. Segundo porque, para o chamado *master plan* do aeroporto, era necessária uma área de 14 milhões de m^2. A Base Aérea de Cumbica, já existente em Guarulhos, oferecia 10 milhões de m^2, o que significava uma economia de 2 a 4 milhões de m^2 em desapropriações e terraplenagem.

Hoje, na avaliação de Maluf, Cumbica continua o aeroporto internacional que custou mais barato na face da Terra. E faz as comparações:

– O de Narita, no Japão, custou mais de 20 bilhões de dólares. A primeira parte de Guarulhos custou 1 bilhão de dólares.

Os críticos de Cumbica esquentavam o debate insistindo no argumento da neblina. Guarulhos fica inoperante sempre que sobe um denso nevoeiro que impede pousos e decolagens. Maluf contra-ataca:

– Eu já desci em aeroportos debaixo de nevascas, com a visibilidade zero. É para isso que existem os modernos equipamentos ILS (Instrument Land System). A instalação desses equipamentos pode aumentar um pouco o custo. Mas segurança de vôo é uma obrigação. Na aviação, segurança faz parte do custo.

Outro programa muito contestado pela oposição através da mídia, que adotou abertamente a posição do MDB e do governador Montoro, foi a criação da Paulipetro. Em 1973, na Guerra dos Seis Dias entre Israel e os países árabes, o Brasil foi pego na contramão. A Petrobras, desde aquela época uma empresa de porte internacional, se preocupava menos com a prospecção e com a produção do que em refinar e distribuir os subprodutos de petróleo. Afinal, o petróleo – hoje passando dos 100 dólares – vinha quase de graça do Oriente Médio. Custava 2 dólares o barril. Com a guerra, o preço pulou para 14 dólares o barril.

No segundo choque do petróleo, em 1980, o preço disparou. Chegou a 30 dólares. Os países importadores ficaram de joelhos. Era o caso do Brasil. Na época, o consumo nacional era de 800 a 900 mil barris/dia. O país utilizava toda a produção da Bahia – cento e poucos mil barris por dia – e importava de 700 a 800 mil barris/dia.

No ano de 1973 toda a exportação brasileira somaria 6 bilhões de dólares. Em 1980, essa cifra subiria para 10 bilhões de dólares. Com o crescente peso do preço do petróleo na balança comercial brasileira, esta começou a apresentar um déficit crônico, aumentando a nossa dívida externa. Surgia, lá atrás, o fantasma da dependência quase absoluta e as primeiras tentativas mais ousadas de descobrir petróleo em nosso território. Quem era o maior consumidor de petróleo do Brasil?, pergunta hoje Paulo Maluf. São Paulo, claro. Maluf então assumiu:

"Se nós somos os maiores consumidores, não podemos ficar à margem do problema. A extração de petróleo não é problema da Petrobras. É do Brasil".

E pôs mãos à obra. Em 1979, de comum acordo com a Petrobras, criou a Paulipetro, um consórcio que através de contratos de risco passou a fazer prospecção do óleo. Depois de mais de 20 anos a Petrobras faria contratos semelhantes com a Shell, com a Esso, etc., quebrando o monopólio de direito que teve aspectos negativos e positivos. Mesmo sem o monopólio de direito, a empresa sustenta ainda uma espécie de monopólio de fato.

Na idéia da Paulipetro – para a qual contou com o aval do presidente João Figueiredo, do ministro das Minas e Energia, César Cals, e do presidente da Petrobras, Shigeaki Ueki –, Paulo

Maluf trazia embutido o conceito de que o risco é inerente à atividade petrolífera. A oposição, no entanto, tentou demonizar o consórcio como se fosse um capricho de Maluf.

– Uma coisa é você construir uma escola – diz hoje Paulo Maluf. – Você sabe que terá alunos. Mas petróleo, você pode perfurar dez poços e não encontrar nada. Por volta de 1980, os Estados Unidos perfuravam 60 mil poços por ano, enquanto o Brasil perfurava 300. Estatisticamente, a possibilidade de os americanos acharem petróleo era muito maior do que a nossa.

As perfurações da Paulipetro começaram em meados de 1980 e foram até 1982. Todos os relatórios das pesquisas da empresa nesse espaço de tempo foram enviados à Petrobras. Uma cópia ficou em poder do IPT (Instituto Paulista de Tecnologia), participante do consórcio, outra da Cesp – Companhia de Energia de São Paulo – e mostravam que as pesquisas estavam avançadas.

– Ciúme de homem é pior que ciúme de mulher. O governador que me sucedeu não só parou a prospecção como colocou uma bomba atômica sobre a Paulipetro. Rasgou contratos, mais ou menos como o Evo Morales fez com o Brasil agora. O que ocasionou inúmeros processos de perdas e danos contra o governo do Estado de São Paulo.

Resumo da ópera: foram investidos com prospecção entre 300 e 400 milhões de dólares. Os governos Montoro, Quércia, Fleury e Covas gastaram entre 700 e 800 milhões de dólares em pagamento de indenizações pela quebra unilateral dos contratos.

As atividades da Paulipetro contemplavam estudos na Bacia do Paraná e na Bacia de Santos, onde a Petrobras descobriu recentemente o Campo de Tupi, considerado uma reserva monumental de gás a ser explorada, se tudo der certo, a partir de 2010/2012. A primeira opção foi pela Bacia do Paraná. Isso porque a sonda para a prospecção em terra demorava apenas seis meses e a tecnologia já era dominada. No bloco *offshore* – como Santos – levaria no mínimo mais de dois anos. Os estudos técnicos que a Paulipetro possuía na ocasião já apontavam indícios de gás na região da Bacia do Paraná. Tanto é que no Estado do Paraná, a oeste, encontrou-se gás nos poços de Pitanga e Chapéu do Sol.

– Antes de fazermos os contratos da Paulipetro tivemos inúmeras conversas eu, Shigeaki Ueki e o ministro César Cals. Em uma delas Shigeaki Ueki disse: "Você não quer também perfurar na Bacia de Santos?". Eu expliquei que não podia fazer um contrato de risco que fosse além do meu mandato. Nós estávamos em 1980. Meu mandato ia até 1982. Respondi que eu topava perfurar a Bacia do Paraná.

No dia 26 de fevereiro de 2008 – ou seja 28 anos depois – o jornal *Folha de Londrina* publicou em manchete: "Petrobras confirma extração de gás no PR". Abaixo da manchete, chamada linha fina: "Extração comercial de 35 m^3 de gás natural está prevista para iniciar em setembro de 2009 em Pitanga".

No texto, o jornal diz que a informação foi confirmada oficialmente pela empresa. E acrescenta que o engenheiro de petróleo e coordenador do escritório da Petrobras em Itajaí (SC) afirmou que a reserva total é de 300 milhões de m^3 de gás – nada excepcional –, mas que era explorável economicamente.

Dizia ainda que o investimento da Petrobras em Pitanga deve chegar a 8,9 milhões de dólares e esclarecia que o jornal já tratara da existência desse gás, com exclusividade, em noticiário publicado em 2007.

A *Folha de Londrina* informa que desde o início do mês de fevereiro cerca de 30 engenheiros e técnicos da Petrobras estão na região, realizando teste de queima do gás e manutenção dos equipamentos. Segundo o jornal, os poços estão bons e os equipamentos, em bom estado.

De acordo com engenheiros, a Petrobras está negociando a assinatura de contratos com empresas distribuidoras e as melhorias das condições do tráfego da rodovia que liga Pitanga a Barra Bonita. São 40 km dos quais 28 ainda em estrada de terra. O gás seria para uso veicular e atenderia ao mercado mais próximo, como as regiões norte do Paraná, Ponta Grossa e a Região Metropolitana de Curitiba.

Maluf diz que sempre soube que Pitanga tinha gás comercial.

– O ex-governador Jayme Lerner, uma vez conversando comigo, perguntou se eu não tinha interesse em instalar ali alguma atividade empresarial utilizando o gás. Dos outros poços da Paulipetro, alguns deram água sulfurosa como aquele em Piratininga, onde depois foi feito um grande balneário. O de Paraguaçu Paulista também deu água sulfurosa.

A assessoria de imprensa de Paulo Maluf passou a informação da *Folha de Londrina* de 26 de fevereiro de 2008 para a chefia de reportagem dos jornais *O Estado de S. Paulo* e *Folha de S.Paulo*, sugerindo que eles enviassem um repórter à região de Pitanga. Até o dia 15 de março nada havia sido publicado nos dois jornais.

No entanto, desde o início de fevereiro de 2008, a imprensa em geral tem publicado com destaque, inclusive em manchete de página, a condenação do ex-governador na ação popular julgada pelo STF segundo a qual Maluf deverá devolver aos cofres públicos do Estado de São Paulo cerca de 250 mil dólares. A decisão do Supremo confirma a execução para Paulo Maluf, a Petrobras, o governo do Estado de São Paulo, o IPT, a Cesp, seu ex-secretário de Obras, Silvio Fernando Lopes, e o superintendente da Paulipetro, Osvaldo Palma.

– Ou seja, a sentença menciona várias pessoas e instituições. Não sei por que os jornais só citam o meu nome – diz Maluf.

Ironias à parte, Maluf é sempre notícia. Seus advogados já entraram no Supremo com uma ação rescisória, que anula os efeitos de uma questão já julgada em última instância.

Hoje Maluf insiste que a prospecção dentro do país não deveria ser relegada a um segundo plano. Acha que a Petrobras deveria se associar a quem tem capital e recursos para fazer prospecções no Brasil.

– O petróleo e o gás são nossos se estiverem em território nacional. Caso contrário, serão dos árabes, dos bolivianos, ou dos venezuelanos.

Paulo Maluf calcula que o país, até 2030, terá de investir cerca de 800 bilhões de dólares para redefinir sua matriz energética. É dinheiro que o Brasil não tem. Daí a necessidade de a Petrobras fazer associações remunerando adequadamente os capitais investidos.

Em apenas três anos de governo, Maluf trabalhou com velocidade e afinco para cumprir um extenso programa de governo como se visualizasse o gigantismo que se avizinhava de São Paulo.

Paulo Maluf diz sempre que é um animal político em extinção:

– Moro na mesma casa há 42 anos. Estou casado com a mesma mulher há 52 anos. E estou no mesmo partido político há 40 anos.

O único retoque nessa declaração enfática não é culpa dele. Em novembro de 1979, o presidente Figueiredo, numa manobra para dividir a oposição, acabou com o bipartidarismo e declarou extintas as antigas legendas Arena e MDB. Maluf, então, participou da criação do Partido Democrático Social, o PDS, sucessor da Arena.

Mais ainda. Fincava no solo paulista as raízes do malufismo, movimento que adquiriria grande expressão e girava em torno de sua pessoa, e que logo transbordaria para outros estados, adquirindo conotação nacional.

Maluf conversaria sobre suas pretensões políticas até com o ex-presidente Geisel no final de 1981. Este lhe disse que, para o que pretendia, o melhor seria candidatar-se a deputado federal. Em 1982, como governador de São Paulo bem avaliado, e com projeção dentro do PDS, Maluf se desincompatibiliza no final de março para concorrer à Câmara Federal. Assume o governo de São Paulo seu vice José Maria Marin.

Maluf, ao praticar um gesto político raro, senão inédito, o de renunciar a um governo de estado para concorrer a uma simples cadeira de deputado federal, obtém a maior votação da história do país. São 672 927 votos, em outubro de 1982.

– Em 1º de fevereiro de 1983 assumi na Câmara dos Deputados. E aí começa minha campanha à Presidência da República.

Até mesmo em publicações isentas – como é o caso do livro *O complô que elegeu Tancredo* –, ao mencionar a vitória na eleição de São Paulo, afirma-se que Maluf "tomou de assalto" o Palácio dos Bandeirantes.

Na verdade, com sua vitória sobre Laudo Natel, candidato do Palácio do Planalto, ele estava escrevendo a primeira página de uma tortuosa caminhada rumo à extinção do governo dos militares. E o nome de Paulo Maluf foi lembrado na sessão solene, no Senado Federal, em comemoração aos 20 anos da redemocratização, no dia 15 de março de 2005.

Falaram, entre outros, o senador Renan Calheiros, então presidente do Senado, mais os senadores Antonio Carlos Magalhães, Marco Maciel, Jorge Bornhausen e finalmente, como homenageado especial, o senador José Sarney. Na mesa estava o governador Aécio Neves, representando a família do presidente Tancredo Neves.

Depois de ouvirem a execução do Hino Nacional, todos os oradores fizeram depoimentos candentes em homenagem a Tancredo. O senador Eduardo Azeredo afirmou que o 15 de março de 1985 poderia ter sido "o dia que nunca existiu". E para surpresa geral, o senador Arthur Virgílio, em nome do PSDB, fez questão de incluir entre os que foram testemunhas e artífices desse momento histórico o nome de Paulo Maluf, o candidato derrotado na eleição de 1985.

Apesar desse reconhecimento, Maluf raramente foi distinguido pelos políticos seus contemporâneos.

CAPÍTULO X

MALUF E A MÍDIA

Os 70% de aprovação do seu governo, constatados em pesquisa, mostram que Paulo Maluf conquistara os paulistas. Faltava, no entanto, conquistar a mídia, fator decisivo para um indivíduo com aspiração política. Foram dezenas os pequenos episódios que os jornalistas usavam para tentar constranger o governador.

Certa vez, por exemplo, Maluf, então prefeito, percorria uma série de barraquinhas de ambulantes na rua 25 de Março, local tradicional desse tipo de comércio, e comprou uma agenda de um vendedor.

Foi o bastante para que o *Estado de S. Paulo* usasse quase meia página, com fotos, "denunciando" o governador de estimular o comércio clandestino. Na mesma incursão à 25 de Março, Maluf experimentou uns óculos escuros que um ambulante vendia. O governador apenas colocou e retirou os óculos. Mas a jovem repórter da *Folha de S.Paulo* decidiu "aprofundar" a questão. Chegou a ouvir o Conselho Regional de Medicina para saber se essa atitude não era um mau exemplo para a população. Maluf deveria ter consultado um oftalmologista antes de colocar os óculos.

Esses incidentes sem nenhuma significação davam apenas seqüência ao ranço antimalufista que marcara a imprensa de São Paulo desde o início da sua carreira política.

Carlos Tavares, assessor da presidência da Federação do Comércio de São Paulo, amigo e companheiro de longa data de Paulo Maluf, que participou inclusive da campanha para a Presidência, lembra, divertido, alguns títulos de editoriais do *Estadão* sobre Maluf. Um deles, "Quem é esse Salim?". Outro editorial do mesmo jornal, notável pelo título – "criativo", ironiza Tavares – foi "O levantino audaz".

Depois de 40 anos de vida pública, esse levantino audaz, vigiado de forma implacável por uma imprensa que procurou sempre colocá-lo em situações desconfortáveis, ainda é capaz de dizer:

– Ninguém mais do que eu continua defendendo a liberdade de imprensa. Apenas creio que é preciso ter liberdade com responsabilidade. Precisamos aprimorar o estado de direito e quem pode contribuir muito para isso são os tribunais superiores. Todos são iguais perante a lei. O que não se pode impedir é que você, ao se sentir prejudicado, não possa processar um órgão de imprensa. Sempre que fui agredido, mandei meu advogado processar. E teve um determinado dono de um respeitável órgão de imprensa que por nove vezes foi chamado ao Fórum da Casa Verde e teve que sentar num banco de madeira à espera do juiz.

Se Paulo Maluf raramente contou com a simpatia da mídia, por que ele, tendo nas mãos todos os meios disponíveis, nunca tentou entrar para o ramo das comunicações? Isso certamente o ajudaria em vários momentos de sua carreira. Maluf, no entanto, manteve sempre um princípio rígido:

– Quem tem a caneta para dar uma concessão não pode dar a concessão a si mesmo.

Como governador, Maluf deu mais de cem concessões de rádio no interior de São Paulo. No governo Figueiredo, em conversa com o ministro das Comunicações, Haroldo de Mattos, explicou que não interferia nas concessões. Orientou seus secretários de comunicação – primeiro Blota Junior, depois Olavo Diniz – para que contemplassem o grupo que estivesse melhor financeiramente e que tivesse compromissos com a cidade. Hoje, Maluf tem tranqüilidade para afirmar:

– Estou feliz em não ter nenhuma participação nem em rádios, nem em TVs, nem em jornais. Porque muitos dos que me agrediam têm concessões. E vivem politicamente dessas concessões. Infelizmente no Brasil é uma realidade. A maioria dos políticos de eleições majoritárias dos estados do Nordeste tem concessão de televisão.

Essa generosa distribuição de concessões a políticos foi objeto de uma reportagem publicada pelo *Estado de S. Paulo* durante a chamada "crise Renan Calheiros", no Senado, em dezembro de 2007.

Segundo pesquisa do jornal, no Siacco (Sistema de Acompanhamento de Controle Societário do Ministério das Comunicações), 23 dos 81 senadores figuram como sócios ou proprietários de empresas de comunicação. Pelo menos 17 têm parentes – filhos, irmãos, mulheres ou ex-mulheres, etc. – na sociedade e na direção de rádios e TVs.

Na Câmara, um levantamento feito pelo Instituto Transparência Brasil registrou que 30 deputados, dos 151 eleitos pelo Nordeste em 2002, são detentores de concessões de rádio ou TV, o que dá uma média de 19,9%. Mas esse fenômeno não é restrito a uma única região do Brasil. Dos 513 deputados federais, 55, ou seja, 10,7%, possuem concessões. Sete parlamentares, dos 70 eleitos por São Paulo – ou seja, 10% –, são donos ou participam de emissoras.

Maluf poderia, hoje, ser dono, por exemplo, da TV Record ou proprietário de metade do jornal *Folha de S.Paulo*. Oportunidade para isso não faltou. Mas ele diz, abrindo um sorriso largo, de ironia:

– Com metade da *Folha* e a Record eu seria um político que teria um seguro de vida de comunicação bem grande. Mas prefiro a atitude que tomei.

••••

Num determinado dia – Maluf era ainda prefeito de São Paulo, no primeiro mandato – recebeu a visita, em sua casa, de Carlos Caldeira Filho, na época sócio de Octávio Frias de Oliveira e dono de 50% do jornal *Folha de S.Paulo*. Caldeira e Maluf podiam se dizer velhos amigos. Carlos Caldeira tinha duas paixões na vida: a cidade de Santos e o Santos F.C. Maluf, quando governador, nomeou Caldeira prefeito da cidade de Santos, conforme a legislação vigente. Caldeira sempre repetia que aquela fora a fase mais feliz da sua vida.

Outra característica de Caldeira eram suas tendências para certo misticismo. Por exemplo: quando foi comprar uma grande impressora para a *Folha*, em 1972, ele consultou antes uma senhora que mantinha uma obra social em Santana e alegava ter visões, nas quais Caldeira acreditava. Maluf, que colaborava regularmente com a obra social de Santana, adquirindo das mãos de Caldeira convites para festas, feijoadas, etc., ainda se recorda que o amigo seguiu à risca as orientações dessa senhora na compra da impressora.

Caldeira não apenas era místico, como ocasionalmente entrava em transe. A um deles Maluf assistiu. No início ficou assustadíssimo. Imaginou que o amigo estivesse tendo um enfarto.

Outros desses transes de Carlos Caldeira Filho aconteceria durante um cruzeiro marítimo em março de 1985. Maluf embarcou no navio, na África do Sul, por volta de 25 de março, para se recuperar da exaustiva e tensa campanha para a Presidência da República. Era um desses cruzeiros volta ao mundo, que vão recolhendo e desembarcando passageiros aqui e ali. O navio fazia três escalas no Brasil, em Santos, no Rio e em Salvador, de forma que entre mais de mil passageiros havia mais de cem brasileiros.

Maluf ficara sabendo da internação de Tancredo Neves no Hospital de Base de Brasília na véspera da posse por um telefonema de um amigo, quando estava em Roma. Seguiu viagem para a África do Sul, onde permaneceu por dez dias, e embarcou no cruzeiro. Encontrou Caldeira a bordo.

O assunto entre os brasileiros no navio era uma das visões que Caldeira havia tido na antevéspera da posse. No dia 14 de março, um passageiro, conversando com Caldeira, comentou que no dia seguinte Tancredo Neves assumiria a Presidência da República. Caldeira repetia: "Mas o amanhã não chegou, o amanhã não chegou!". E avisava num tom misterioso: "Ele não toma posse".

Foi esse mesmo Caldeira que, na sala de visitas de Maluf, disse ao amigo que estava cansado, que desejava mudar de ramo, que lidar com jornal não era para ele uma atividade prazerosa. E propôs então a Maluf que comprasse a sua parte da *Folha*. Ele poderia pagar em até 36 vezes, sem juros. Maluf agradeceu, mas lembrou a Caldeira:

– Que credibilidade teria o jornal para falar bem de mim, eu sendo dono? Eu pretendo continuar na vida pública. Por isso decidi que não devo ter nos meus negócios um órgão de imprensa.

Logo depois, Maluf contou ao sócio de Caldeira, Octávio Frias, a quem também sempre considerou seu amigo, o teor dessa conversa.

A segunda possibilidade de Maluf mergulhar nos negócios de comunicação aconteceria por volta de 1987. Silvio Santos havia ganhado a concessão do SBT – Sistema Brasileiro de Televisão – e detinha 50% da propriedade da Rede Record. Como a legislação não permitia essa dupla propriedade, o governo federal pressionou Silvio para que ele se desfizesse da Record.

Edevaldo Alves da Silva, na ocasião dono da Rede Capital de rádio – e que já era quase consogro de Maluf, pois os filhos estavam noivos –, o procurou. Contou que tivera um contato com Luis Sandoval, do Grupo Silvio Santos, no qual falaram sobre a possível negociação da Record. E propôs: "Paulo, você quer ficar com 25% e eu com 25% da rede?".

Maluf até se entusiasmou. Estava sem nenhum cargo público. Havia sido prefeito, secretário, governador e perdera a Presidência da República. Dispunha de tempo para se dedicar a mais de uma empresa. A Eucatex navegava em águas tranqüilas nas mãos do irmão Roberto. Mas Maluf respondeu a Edevaldo: "Eu não devo ter concessão na área de comunicação. Eu posso voltar a ter um cargo público a qualquer momento".

Assim Maluf deixou de ser dono de parte da Rede Record e talvez dela integralmente. Pouco tempo depois, a família de Paulo Machado de Carvalho, fundador da Record, vendeu sua parte ao bispo Edir Macedo, da Igreja Universal do Reino de Deus.

No seu trato com a mídia, Paulo Maluf tem uma característica. Ele não fala em *off*. Ou seja, tudo o diz é para ser publicado. Ele acha que o que se fala em *off* acaba sendo comentado entre os jornalistas e sempre chega aos ouvidos do principal interessado.

Carlos Tavares lembra, por exemplo, do dia em que levou o então diretor da *Veja*, José Roberto Guzzo, para uma conversa a três na residência de Paulo Maluf. O país vivia momentos de tensão política. Maluf iria disputar a convenção do PDS que lhe poderia valer a candidatura a presidente da República, como acabou acontecendo. O então ministro Mário Andreazza era seu principal adversário na convenção. E claro, o assunto foi trazido à mesa da conversa.

Pois em nenhum momento Paulo Maluf fez sequer uma observação maliciosa sobre o seu futuro adversário. Não fez nenhum tipo de insinuação. Disse apenas que Andreazza seria excelente opção para o partido e que era um homem "estupendo". Não deu nem ao menos uma "dica" para ser perseguida, para usarmos uma expressão comum nas redações. Carlos Tavares saiu decepcionado. José Roberto Guzzo, com certeza, mais ainda.

Ele sempre repete que a imprensa não deve ser usada para

semear intrigas. Diz conhecer dezenas de políticos que vivem disso. Passam informações supostamente privilegiadas e dizem que é em *off*. Passam a ser fontes de jornalistas, que muitas vezes não fazem uma triagem correta para ver até que ponto essa suposta fonte não tem nenhum interesse especial no assunto.

Ele também não acha correto falar sobre vida particular. Foi vítima de um caso desses quando a família de uma jovem tentou atribuir-lhe a paternidade de uma criança. Provou que era uma denúncia falsa com exame de DNA, que Maluf requereu judicialmente. Mas sentiu na carne a incompreensão até de parentes. Quanto mais da mídia.

Maluf também combate o chamado vazamento de fitas gravadas, em geral utilizadas pelas TVs para provocar impacto. Mesmo quando precedidos do tradicional "em gravação autorizada pela Justiça". Até porque, na edição, uma gravação de horas pode ser reduzida a uma simples frase capturada muitas vezes fora do contexto. Maluf abre um debate:

– A gravação é autorizada pela Justiça. Mas a divulgação não. É crime.

Na CPI (Comissão Parlamentar de Inquérito) dos Grampos, iniciada em dezembro de 2007, foi revelado que nesse mesmo ano 409 mil interceptações telefônicas foram feitas no país, com ordem da Justiça, pelas operadoras Oi, TIM, Brasil Telecom, Telefonica, Vivo e Claro. O número é das próprias empresas, que confirmaram um crescimento de 10% no número de pedidos entre 2006 e 2007. Mas o número de pessoas grampeadas, no entanto, pode ser bem maior.

Em depoimento à CPI, o representante de Relações Institucionais da Oi, Arthur Madureira de Pinho, confirmou que o ministro do STF, Marco Aurélio, foi grampeado quando visitou o Rio de Janeiro. Ao saber da informação, o ministro disse que estava "perplexo" e "inconformado".

Enfim, os grampos passaram rapidamente da condição de "autorizados pela Justiça" a autorizados por "alguém", que ninguém sabe quem pode ser. Havia tempos, em função da suspeita de depósitos no exterior, Maluf vinha sendo gravado, e o que é pior, com a divulgação de trechos editados das conversas pela TV e pelos jornais.

Paulo Maluf fala o que pensa. Perguntado sobre determinado assunto, ele responde de chofre. O que poderia ser considerado uma efetiva franqueza ou sinceridade foi várias vezes usado contra ele. Interpretaram e traduziram como arrogância. Seus adversários políticos e parte da mídia utilizaram-se dessa sua característica muitas vezes para atingi-lo a partir de uma frase escolhida a dedo.

Um exemplo clássico dessa tática de tentar destruir um político, às vezes com uma frase, é o famoso "estupra mas não mata", que seus adversários tentaram transformar num *slogan* malufista. Para ele, isso não o atrapalhou. Depois ele seria eleito prefeito novamente e duas vezes deputado federal com votação recorde. Mas teve, sem dúvida, conseqüências. Maluf conta como aconteceu, e antes comenta:

– Sou casado há 50 anos com a mesma mulher, tenho filhas, noras e oito netas. Defendo, e muito, a inviolabilidade da mulher. Qualquer pessoa minimamente inteligente entendeu o que eu quis dizer.

Ocorreu que, em 1989, Maluf foi candidato novamente a presidente da República tendo como vice o deputado federal Bonifácio de Andrade. Num compromisso de campanha, eles foram, num mesmo dia, a cinco ou seis conferências em universidades de Belo Horizonte.

Numa delas, num debate, um rapaz levantou o tema do estupro. Maluf respondeu ao estudante que o estupro era um crime hediondo contra as mulheres e que merecia cadeia máxima de 30 anos. E que o estupro seguido de morte era um crime hediondo que deveria ser punido com prisão perpétua. Ainda questionou: se cometeu o primeiro crime, por que a necessidade de cometer o segundo?

Foi o bastante para que um repórter que se encontrava na platéia extraísse o *slogan* do "estupra mas não mata".

Apesar dos excessos da mídia com relação à sua figura, Paulo Maluf manteve sempre um relacionamento ou de amizade mais estreita ou de um convívio social afável com os donos de veículos de comunicação.

Com o dono das Organizações Globo, a quem havia conhecido ainda jovem na casa de seu cunhado Ricardo Jafet, ele reataria um contato mais próximo em 1972, quando foi secretário de Transportes do governo paulista. A reaproximação foi feita pelo mesmo Hermenegildo Sá Cavalcanti. Falavam muito ao telefone e várias vezes o casal Paulo e Sylvia foi convidado para hospedar-se na casa de praia do dr. Roberto, em Angra dos Reis.

Maluf sempre teve profunda admiração por Roberto Marinho. Afirma que ele venceu porque perseguiu um padrão de qualidade com tenacidade. Acrescenta ainda que o dr. Roberto, ao contrário do que imaginam alguns, nunca dependeu de favores do governo. Os governantes é que precisavam do jornalista Roberto Marinho. Maluf admira também a maneira como as Organizações Globo até hoje o tratam na sua vida pública:

– Algumas vezes fizeram reportagens não muito favoráveis à minha pessoa. Mas sempre abriram espaço para ouvir a minha versão.

A mesma admiração ele tinha por Octávio Frias, da *Folha*, que sempre agiu dessa mesma maneira. Seu Frias era de freqüentar pouco. Mas foi muitas vezes na casa de Maluf. Numa dessas visitas, falando sobre um amigo comum, Frias teria dito: "Eu adoro esse sujeito. Mas se um dia ele sair da linha, eu publico".

Maluf sempre respeitou essa regra. Amizade pessoal não se mistura com credibilidade jornalística. E nem funciona como um seguro para as redações.

– O maior patrimônio de um jornal é a verdade dos fatos. Isso lhe dá credibilidade e sucesso de vendas. Quando um jornal mente, ele vai morrendo devagarzinho. Ele morre o dia inteiro.

CAPÍTULO XI

FIGUEIREDO, O CANDIDATO DE FIGUEIREDO

Maluf chega a Brasília em fevereiro de 1983 como o deputado federal mais votado do país. E tinha um objetivo declarado: pavimentar o trajeto que o levaria à rampa do Planalto. Ele nunca negou que era sua aspiração e, na verdade, começou a abrir essa estrada ainda no Palácio dos Bandeirantes.

Percebendo a chiadeira nacional por uma abertura democrática, lançava pontes em direção a lideranças do PDS espalhadas pelo Brasil. Maluf imaginava, como a maioria da classe política e da mídia, que o presidente a ser eleito em 1985 seria indicado pelo colégio eleitoral. Ou seja, pela via indireta, como determinava a Constituição. Mas nas eleições de 1974, para o Senado e para a Câmara Federal, o PDS levou um revés surpreendente nas urnas. Evidência de que o sistema dos generais-presidentes estava prestes a desmoronar.

Essa situação politicamente instável é que levara Ernesto Geisel a fechar o Congresso com o Pacote de Abril e transformar as eleições para os governos estaduais previstas para 1978 em indiretas, quando estavam programadas eleições diretas. Geisel criou ainda a figura dos senadores "biônicos", ou nomeados pelo regime. Isso assegurava, ao menos provisoriamente, uma maioria no futuro colégio eleitoral para a Presidência.

Apesar da insatisfação e dos alertas da chamada "linha dura" contra o "perigo comunista", eram evidentes os sinais que o próximo presidente poderia ser um civil. Apenas o candidato civil deveria ser "palatável" para o sistema, como se dizia na época. Maluf percebeu que ele correspondia a esse perfil, embora trouxesse na bagagem alguns temas delicados que poderiam ser usados por seus rivais nesse percurso.

Em primeiro lugar, o método de trabalho de Paulo Maluf não se encaixava nas escolas clássicas da política brasileira. Fugia dos padrões do compadrio, do "raposismo", dos conchavos à *sotto voce* ou dos confrontos que não ultrapassavam os limites da conveniência.

Maluf era açodado, ansioso, competitivo, e muitas vezes desejava numa única conversa definir relações. Fruto talvez do seu pragmatismo e de um perfeccionismo autoproclamado. O que mais uma vez lhe custava a pecha de auto-suficiente, ou mesmo arrogante.

Via como natural, por exemplo, o gesto de enviar, de Paris, cartões-postais aos delegados que iriam compor o colégio eleitoral, mandar flores para esposas de autoridades ou, como governador de São Paulo, distribuir ambulâncias para municípios carentes de outros estados.

Certa vez, no programa *Roda Viva* da TV Cultura, eu, fazendo parte da bancada de "perguntadores", indaguei de Maluf, já em plena campanha para a Presidência, se distribuir ambulâncias em outros estados não era uma maneira de se fazer marketing político barato.

Ele próprio me levara a essa questão. No intervalo habitual do *Roda Viva*, quando o entrevistado normalmente toma um fôlego – e em geral um copo d'água para a rodada seguinte de perguntas –, Maluf comentou fora do ar que as acusações de que ele andava distribuindo ambulâncias pelos estados do Nordeste eram uma "bobagem". Disse que uma ambulância custava menos do que colocar 2 km de asfalto numa estrada vicinal qualquer.

Retomado o programa, eu abri a rodada de perguntas indagando se distribuir ambulâncias pelo país não era marketing político barato e, usando a afirmação dele sem dar crédito, observei que era mais caro asfaltar 2 km de uma estrada. Maluf, imperturbável, respondeu na lata:

– Meu caro, uma ambulância não tem preço. Pelo que ela representa para a população. Ela pode salvar uma vida. Você acha que existe algo mais valioso do que uma vida humana?

E, fazendo girar a cadeira, virou-se para outro entrevistador que perguntava sobre outro tema.

Não tive dúvidas. Eu acabara de receber uma aula de atitude política do candidato Paulo Maluf. No entanto, o hábito de enviar flores teve um preço. Maluf foi processado e condenado a devolver o valor das flores aos cofres públicos em 1984. Perdeu o recurso impetrado no Tribunal de Justiça de São Paulo, mas acabaria absolvido pelo Superior Tribunal de Justiça, o STJ, em 1991, e pelo Supremo Tribunal Federal, em 1995.

Maluf sabia que o terno da posse seria costurado por vários alfaiates, desde o Alto Comando do Exército, os caciques do PDS, os convencionais da legenda, até o morador do principal endereço de Brasília, no caso, o presidente João Baptista Figueiredo. Por razões óbvias, ele não privava da intimidade do presidente. Mas tinha a consciência de que um presidente não pode governar o país sem São Paulo:

– Quem tentar governar o Brasil ignorando São Paulo, governará mal. Mantínhamos, eu e o presidente Figueiredo, um relacionamento protocolar. Claro, eu não poderia fazer oposição ao presidente da República. Mas discutíamos nossas divergências administrativas.

Um exemplo dessas divergências aconteceria quando o governador iniciou uma série de viagens ao exterior com o objetivo de aumentar as exportações brasileiras.

– Um velho hábito de mascate, lembrando as origens do meu pai e meu avô.

Entre as várias missões que organizou, sempre levando centenas de empresários, uma delas tinha como destino países árabes. E uma visita especial ao Iraque.

Naquele momento o Iraque era o nosso principal fornecedor de petróleo. O Brasil importava 700 mil barris/dia, e desses, o Iraque fornecia 400 mil. Pouco antes da viagem, Maluf teve uma audiência com Figueiredo. Durante a conversa, solicitou ao presidente uma carta de intenções propondo a ampliação do comércio bilateral Brasil–Iraque. Na carta, o presidente poderia inclusive sugerir que o Iraque, àquela altura estufado de petrodólares, optasse por produtos nacionais, que iam da carne aos automóveis. A indústria automobilística, por sinal, vivia um momento de crise.

Figueiredo recusou a sugestão do governador de São Paulo. Maluf acredita que o presidente temia uma recusa do governo iraquiano a essa proposta. Talvez. Pode ser também porque se tratasse de um diálogo epistolar entre dois temperamentos fortes e, digamos, de atitudes surpreendentes. De um lado, João Baptista Figueiredo. Do outro, Saddam Hussein. Ou uma recusa pelo simples fato de que Figueiredo não apreciava o portador da carta.

Maluf esteve duas vezes com Saddam. Na primeira, mascateando carne, frango, etc. Na segunda, Saddam o recebeu por três horas. Maluf deixou o suntuoso palácio do líder iraquiano com uma encomenda de 150 mil carros modelo Passat, da Volkswagen.

Naquele ano, a exportação de Passat para o Iraque representou 15% da exportação total do Brasil. E a manutenção algo em torno de 30 mil empregos no setor automobilístico. Nada mal para um mascate. Ainda mais porque o governo brasileiro pagava os Passat em cruzeiros à Volkswagen antes de enviá-los ao Iraque. Era uma excelente maneira – aliás, a única – de comprar petróleo sem gastar os então preciosos dólares.

Maluf aproveita esse episódio para rebater as críticas que recebeu na época, dizendo tratar-se de uma aventura inútil e lembra que, passados mais de 20 anos, o pessoal do ABC, na Grande São Paulo, parece não ter esquecido. Na última eleição, foi o deputado federal mais votado em São Caetano e teve 16 mil votos em São Bernardo e 15 mil votos em Santo André.

Entre as divergências que teve com Figueiredo, essa foi uma das que mais o chocaram: a falta de interesse e do envolvimento pessoal de um presidente da República em promover e vender produtos brasileiros.

– Hoje o Brasil tem um confortável superávit na balança comercial. Mas as pessoas se esquecem que, quando o ministro Delfim Netto assumiu, em 1967, o Brasil exportava a insignificância de 2 bilhões de dólares, e desses, 1,8 bilhão era de café. O ministro Delfim teve a visão de que a exportação era geradora de empregos. Tomou as primeiras medidas de incentivo, como crédito e financiamento, como a Resolução 71, que dava financiamento de 8% com seis meses de prazo para as indústrias exportadoras.

Maluf comprou essa idéia. Fez ou enviou missões comerciais para a Arábia Saudita, México, Canadá, Estados Unidos, Coréia, Japão, Argentina, Itália, França, entre outros países. Sempre tendo o acompanhamento de 100 a 150 empresários. As comitivas eram diferenciadas conforme o país visitado. Se era importador de calçados, a comitiva dava prioridade ao pessoal da região de Franca. Se era importador de tecidos, a prioridade era para o pessoal da região de Americana. Se o país precisasse de serviços, eram convidadas empresas construtoras. Essas viagens aconteciam, geralmente, a cada três meses.

Nesse aspecto, Maluf afirma que teve um grande colaborador, seu chefe de cerimonial, o embaixador Ítalo Mastrogiovanni. O embaixador tinha sintonia fina com o Itamaraty, e bons contatos com a área de comércio exterior do Ministério das Relações Exteriores.

oooo

Um contratempo mais áspero com o governo federal ocorreu em 1981, quando a *Folha* comemorava o seu aniversário e realizava uma missa no pátio do jornal. Como governador do Estado, Maluf assistia à missa comemorativa. Ao seu lado, estavam Seu Frias e o cardeal d. Paulo Evaristo Arns.

Durante a cerimônia chegou a informação de que o argentino Adolfo Perez Esquivel, Prêmio Nobel da Paz de 1980 e militante dos direitos humanos respeitado internacionalmente, acabava de ser preso quando dava uma palestra no Colégio Nossa Senhora de Sion, em São Paulo. Esquivel vinha fazendo manifestações contra a anistia aos militares que tomaram o poder no Brasil, na Argentina, no Chile, onde fosse.

D. Paulo dirigiu-se ao governador e disse que eles precisavam fazer um escândalo na porta da Polícia Federal, para onde Esquivel fora conduzido. Maluf respondeu que o cardeal não precisava se preocupar. Ele tinha a mesma posição de D. Paulo.

De um telefone da própria *Folha* – na época ainda não existiam celulares – ligou para a Polícia Federal e falou com o delegado Nelson Marabuto. Tentou convencê-lo do equívoco da prisão, da repercussão internacional que isso traria para o Brasil e avisou que D. Paulo Evaristo estava indo para a sede da PF. O governador disse que não queria um escândalo público, que poderia manchar a imagem do Estado de São Paulo.

Marabuto foi ríspido na resposta: "Eu não recebo ordens do senhor".

Maluf retrucou: "Perfeito. Hierarquicamente o senhor não recebe ordens minhas. Mas depois de amanhã o delegado da Polícia Federal que vai substituí-lo vai saber que quem manda em São Paulo é o governador". E bateu o telefone na cara do delegado.

Já era início da noite e ordenou ao seu motorista que

fosse imediatamente para sua casa. De lá telefonou para o general Milton Tavares de Souza, comandante do II Exército. Argumentou novamente que a prisão de Esquivel comprometia a imagem do país e mostrou sua estranheza de que o governador do Estado não tivesse sido avisado da operação.

O general desconversou. Mas Maluf percebeu pela sua voz que ele não só estava a par como havia autorizado a detenção de Esquivel. Maluf ligou imediatamente para o general Golbery do Couto e Silva. Novamente argumentou contra aquilo que chamou de "burrice" e comentou que exigia o afastamento do delegado Marabuto. Ameaçou: se o presidente da República não avaliasse melhor a situação, que ele não contasse mais com o apoio de São Paulo e muito menos do seu governador.

– Eu disse ao ministro Golbery que se o presidente tem em São Paulo um general de quatro estrelas no Comando do Exército, ele precisa saber que quem tem cinco estrelas em São Paulo é o governador.

No dia seguinte, o general Octávio de Aguiar Medeiros, então chefe do todo-poderoso SNI, desembarcava em São Paulo para acalmar o governador. Com Medeiros, Maluf argumentou que cometer arbitrariedades não ajudava em nada o Brasil. Prender alguém sem ordem judicial não era admissível. Ainda mais um Prêmio Nobel da Paz. Esquivel foi liberado e o delegado Marabuto, demitido.

Maluf está convencido de que, nesse episódio, foi fundamental a atuação do ministro Golbery. O acontecido também demonstra outra característica de Paulo Maluf, admitida por ele:

– Meus adversários dizem que sou autoritário. Eu não concordo. Sou exigente, cobro resultados, mas admito e discuto divergências. Mas numa coisa eu lhes dou razão. Eu exerço a autoridade do cargo que me foi dado.

Maluf tinha desde o início a convicção de que ele não era o candidato à sucessão do general João Baptista Figueiredo. Até porque está convencido de que o candidato de Figueiredo para a sua sucessão era o próprio Figueiredo.

O presidente teria encampado a idéia da prorrogação do mandato presidencial por dois anos seguida de eleições diretas. Nascera no seio da oposição. A proposta veio de ninguém menos do que Leonel Brizola, o arquiinimigo dos militares em 1964. Mas fascinava Brizola ser um possível candidato em 1986.

Maluf revela que ele chegou a ser sondado sobre a prorrogação de mandato para Figueiredo. No verão, no início de 1984, foi convidado para um jantar a dois na residência funcional do ministro César Cals. Durante o jantar, Cals indagou o que Maluf pensaria da hipótese de alongar por mais um tempo o mandato de Figueiredo. Maluf argumentou que isso não daria certo. O mundo estava mudando. Bastava olhar para o que estava acontecendo do outro lado da Cortina de Ferro. No Brasil, a insatisfação com o regime era generalizada. O planeta caminhava noutra direção. O futuro estava nas eleições livres, na democratização. E hoje Maluf admite:

– Se eu cometi um engano político, foi não ter seguido nessa direção, que eu já percebia. Porque a Constituição dizia que a eleição de 1985 seria indireta. Mas a Constituição tem que representar a opinião pública.

CAPÍTULO XII

O COMPLÔ PARA DERROTAR MALUF – 1

Qualquer prorrogação do mandato de Figueiredo parecia um exagero. Afinal, já havia exercido seis anos de governo. Mais dois anos, com eleições diretas após esse período, tinha porém certa lógica. Brizola, que na época estava bem posicionado nas pesquisas, via a possibilidade de ser o sucessor. Mas, feita publicamente, não empolgou nem mesmo o PDS. Muitos eram os políticos que sonhavam em sentar na cadeira de João Baptista Figueiredo dentro do seu próprio partido e não queriam deixar a oportunidade para mais tarde. Afinal, em política, é tudo uma questão de momento.

Figueiredo recebera, por iniciativa do seu então chefe da Casa Civil, Leitão de Abreu, um documento oficial chancelado pelo Diretório Nacional do PDS, no qual o partido delegava ao presidente a coordenação do nome que o sucederia em 15 de março de 1985. Mas o presidente vinha adotando um comportamento instável em relação à sua própria sucessão. Jamais fez referência à delegação que o PDS lhe dera. Num dia, declarava simplesmente que a sucessão seria decidida pelo seu partido, com toda a liberdade, e que ele desempenharia apenas o papel de magistrado. Noutro, corrigia-se com declarações do tipo "eu mesmo vou coordenar a minha sucessão".

Assim como Maluf, dezenas de políticos que viveram esse período observaram uma mudança muito grande no comportamento de Figueiredo a partir do momento em que ele soube que teria de abrir o peito para operar as coronárias, o que aconteceria em Cleveland, nos Estados Unidos.

Figueiredo era destemperado – comentou certa vez que preferia o cheiro das estrebarias ao cheiro do povo –, mas parecia firme nas suas decisões e na sua determinação, que era também a de Geisel, Golbery, Heitor e companhia, de que seu governo encerraria o ciclo de generais. A cirurgia em Cleveland afetaria essa determinação. O presidente tornou-se errático, vacilante.

Maluf diz que conheceu dois Figueiredo, um antes, outro depois da cirurgia. Delfim Netto, preocupado com as alterações nos humores presidenciais, conta que chegou a consultar o cardiologista Fulvio Pileggi sobre o problema. Pileggi explicou que isso não era raro em cirurgias como a que Figueiredo se submeteu. A mudança no comportamento do paciente é, de fato, muito comum.

Em 16 de novembro de 1983, numa declaração que deixou atônita toda a classe política, Figueiredo aproveitou uma viagem à Nigéria para dizer que, pessoalmente, era pelas eleições diretas. Mas no momento não via possibilidade. Acreditava que seu partido não iria se conformar.

As cabeças coroadas do PDS, todas elas aspirantes ao cargo, eram obrigadas a conviver com essa ciclotimia presidencial. Já no dia 29 de dezembro de 1983, ao ler sua mensagem de final de ano à nação em rede nacional, Figueiredo declarou: "Como não antevejo a possibilidade de alcançar o consenso que almejava [para a sucessão], restituo a coordenação ao meu partido. As discordâncias que encontrei levaram-me à conclusão de que não poderia apontar nome que reunisse todos os sufrágios ou, pelo menos, a sua grande maioria".

Foi uma surpresa para quase todo o país, inclusive, segundo o livro *O complô que elegeu Tancredo*,[1] para o general Octavio de Aguiar Medeiros, chefe do SNI, que não sabia o que o presidente iria comunicar. Antonio Carlos Magalhães, paladino da candidatura do ministro Mario Andreazza, teria comentado: "Está tudo perdido". O senador Marco Maciel, outro pretendente, teria declarado: "Agora tudo é possível".

Maluf, é claro, comemorou. Imaginou que sem o presidente, que resistia ao seu nome, o caminho estava aberto para ele. Os demais aspirantes se recolheram, inclusive Aureliano Chaves, vice-presidente da República. E também aspirante à sucessão.

Animado com a desistência do presidente em coordenar o processo sucessório, Maluf continuava levando seu programa de governo "Brasil Esperança" aos convencionais em vários estados brasileiros. Em fevereiro de 1984 ele estava em Alagoas. Eram quase 11 horas da noite quando tocou o telefone do hotel em que se hospedara. O assessor Roque Carneiro atendeu. Ouviu a informação de que o ministro Leitão de Abreu estava convocando uma reunião com os quatro presidenciáveis do PDS para o dia seguinte, pela manhã, no Palácio do Planalto. Maluf mobilizou a tripulação do jatinho que o conduzia e foi direto do aeroporto para o Palácio.

Foi uma reunião inócua. Sem resultado prático. Apenas foi enviado à imprensa um comunicado assinado por Figueiredo e pelos candidatos de que os derrotados na convenção se comprometiam a apoiar a decisão do partido.

Segundo Maluf, houve só dois momentos dignos de registro. O primeiro foi Figueiredo se dirigindo a Aureliano Chaves e dizendo "o senhor sabe quem é meu candidato". Aureliano pensava que era Andreazza. Maluf tem certeza que não. O candidato era o próprio Figueiredo. O outro momento ocorreu quando Aureliano e Marco Maciel relutaram em assinar o documento.

---

1. Op. cit, pp. 11-2.

A pouca disposição de Figueiredo em alavancar o nome de Maluf já havia sido constatada por todo o grupo próximo do candidato. Ainda assim Figueiredo e Maluf mantinham conversas quase semanais na Granja do Torto. Até que, certo dia, Calim Eid perguntou se poderia acompanhar Maluf numa dessas conversas. Maluf solicitou autorização para levar Calim e foi atendido prontamente. Durante a conversa, Calim manteve-se praticamente calado. No final, antes da despedida, dirigiu-se ao general Figueiredo:

"Presidente, o senhor me permitiria uma pergunta que eu considero fundamental?".

Figueiredo, mesmo surpreso, permitiu.

Calim então atacou a questão no ponto crítico:

"O senhor quer mesmo que o Paulo Maluf venha a ser seu sucessor?".

"Claro", respondeu Figueiredo.

Aí Calim deu a estocada fatal:

"Então, presidente, o senhor precisa demitir o ministro Leitão de Abreu".

Figueiredo reagiu no ato:

"Como demitir o Leitão? Ele é um dos meus ministros mais importantes...".

Antes que Figueiredo continuasse, Calim o interrompeu:

"Então, presidente, o senhor não quer que Maluf seja seu sucessor".

O clima de constrangimento foi geral. Figueiredo e Maluf mal se despediram.

No dia seguinte, a secretária pessoal de Paulo Maluf, d. Olga, recebeu um telefonema do Planalto, através do sempre educado general Danilo Venturini, com um aviso: O presidente Figueiredo continuaria a receber Maluf sempre que fosse necessário, mas que não viesse mais acompanhado do dr. Calim Eid.

Na avaliação do dia feita pela cúpula da candidatura, a

conclusão foi a de que Maluf estava sendo dinamitado pelo próprio governo. Ao sair da reunião, Paulo Maluf comentou abatido: "Enfrentar o PMDB já é duro. Agora temos que enfrentar o PMDB e o governo".

Maluf já registrara a semente da traição através de conversas em que o PMDB tentava cooptar os possíveis perdedores da convenção do PDS. Na verdade, essas conversas já vinham acontecendo desde meados de 1983. Os sinais de que as oposições estavam se movimentando e buscando adesões entre os governistas já haviam transpirado inclusive para a imprensa.

A manchete da *Folha de S.Paulo* de 1º de janeiro de 1984 anunciava essa aproximação: "Tancredo acha que ganha de Maluf no Colégio Eleitoral". No texto, explicava-se que o estafe mais próximo de Tancredo Neves, na época governador de Minas Gerais, havia feito contas que mostravam que se 18 votos do colégio migrassem do lado governista para a oposição, esta seria vencedora da eleição. E avançava ainda em especulações. Por exemplo, a de que o nome de Ulysses Guimarães, auto-intitulado "candidato preferencial das oposições", não seria "palatável".

O autor da manchete eu conheço bem. Fui eu mesmo, então radicado em Brasília. Trabalhando para a *Folha de S.Paulo*, fui a Belo Horizonte a convite da assessoria do governador participar das festivas homenagens que Tancredo Neves prestava ao ministro da Cultura da França, Jack Lang.

Minha atenção foi despertada pelo teor um tanto desconcertante de duas conversas de Tancredo com Jack Lang. O governador mineiro, numa oportunidade, fez rasgados elogios a Paulo Maluf. Falou da sua competência e acrescentou que Maluf fazia política 24 horas por dia. Noutra ocasião, numa roda à qual Jack Lang participava, saiu-se com essa: "Por incrível que pareça, o Andreazza tem mais restrições do que o Maluf no meio militar".

Ou seja, o esperto governador mineiro – não carregasse ele toda a tradição da política das Minas Gerais – estava inflando o balão de Maluf e ao mesmo tempo como que escolhendo seu adversário no colégio eleitoral muito antes da campanha das Diretas Já.

Percebi que tocara num ponto delicado do projeto Tancredo Neves, presidente da República pela via indireta, quando passou rapidamente pelas minhas mãos, trazida por um deputado federal meu amigo, uma relação com os 18 nomes de possíveis trânsfugas da candidatura oficial.

A lista ficou comigo apenas alguns segundos. Desapareceria em seguida, pelas mãos do mesmo deputado, sob a alegação de que era um documento sigiloso. Pelo teor, tinha tudo para ser. Lembro apenas de ter registrado como primeiro nome da lista o do então senador Guilherme Palmeira. Lembro também de ter vislumbrado na relação os nomes de Marco Maciel e José Sarney.

Minha primeira providência foi ligar para a chefia do jornal em São Paulo. Expliquei o assunto ao então diretor de redação Boris Casoy. Ele perguntou qual poderia ser o título da matéria. Respondi que deveria ser algo na linha "Tancredo trabalha para derrotar Maluf no colégio eleitoral". Boris quis saber se eu ouvira essa frase diretamente dele. Respondi que ele não diria isso nem em sonho, dormindo, ao lado do d. Risoleta. Expliquei a Boris que era uma matéria sem declarações entre aspas. Matéria de dedução e análise. Boris disse que precisaria antes consultar o Seu Frias.

Autorizada por Seu Frias, fui instruído pelo editor de política João Russo para vir escrever a matéria em São Paulo e que sairia na edição de domingo, primeiro dia do ano de 1984.

Cumpri as ordens. No início da tarde de sábado era um redator quase solitário a batucar as histórias colhidas em Minas. Como é comum nas redações, o jornal de domingo é praticamente todo fechado na madrugada de sexta. No chamado "pescoção". Estava pela metade do texto quando fui tocado no ombro pelo jornalista Mauro Santayana. "Você sabe o que está fazendo?", indagou Santayana, muito ligado à política mineira e a Tancredo.

A presença surpreendente – e discreta – de Santayana, num sábado morto, na redação da *Folha*, deu-me a certeza de ter acertado na mosca. Já havia, correndo por fora da campanha pelas diretas, um projeto Tancredo Neves, presidente indireto. O primeiro grande comício pelas diretas aconteceria quase um mês depois, em São Paulo, patrocinado pelo governador Franco Montoro.

No dia seguinte, liguei para o assessor de imprensa de Tancredo, o jornalista J.D. Vital, de quem ficara muito amigo. "E o velho?". Vital respondeu: "Gostou". Apenas acrescentou que achara o título meio arrogante, fora do seu estilo discreto.

Enquanto a oposição delicadamente chuleava, caseava e até bordava o terno do futuro presidente com cautela redobrada, investindo na hipótese das eleições por via indireta, o PDS esgarçava o tecido da maioria que possuía no colégio eleitoral.

Maluf revela que o primeiro nome que Tancredo convidou para ser seu vice-presidente em eleições indiretas foi Nelson Marchezan. Ou seja, ninguém menos do que o líder do PDS no Congresso, líder do presidente Figueiredo, líder, enfim, do governo dos militares. E, ao mesmo tempo, um dos que mais impregnavam a postura antiMaluf junto a Figueredo.

– Marchezan também tentou ser candidato à Presidência. Sendo gaúcho e por razões políticas do seu estado – no Rio Grande do Sul os gaúchos preservam mais do que ninguém a identificação com seus partidos –, ele não podia ser o vice de Tancredo. Mas se reservou o direito de tentar ser ministro. Na convenção do PDS manteve-se solidário à candidatura Andreazza. No que ele estava absolutamente correto. Numa convenção, você escolhe um lado. Mas no dia seguinte em que eu ganhei a convenção, derrotando o Andreazza, fui visitá-lo e achei a conversa muito estranha. Ele disse que para me apoiar ele precisava consultar a bancada. Eu respondi que era exatamente o contrário. Ele deveria reunir a bancada e comandar o movimento pela fidelidade partidária. Essa conversa nós tivemos em agosto de 1984. Mas eu sei que ele foi convidado por Tancredo em março ou abril de 1984.

Em suma, o PDS era um modelo acabado de craquelê, tantas eram as ambições dentro do partido. Aureliano Chaves, credenciado por exercer interinamente a Presidência da República durante o período em que Figueiredo passou em Cleveland recuperando-se da cirurgia cardíaca, ganhara certa consistência eleitoral em função do seu "método" de exercer a presidência.

A imprensa passou a registrar as atividades diárias do presidente em exercício. Era uma maneira de informar, por exemplo, que Aureliano dedicava-se com mais empenho ao trabalho do que o titular. Isso lhe garantiu certa empatia junto à opinião pública. Além disso tinha o apoio de uma ala respeitável do empresariado. Mas tinha menos votos do que Andreazza no colégio eleitoral. A suposta dedicação ao trabalho do presidente interino rendeu ainda um episódio que entrou para o folclore da política brasiliense.

Chegou-se a maquinar, entre os simpatizantes da sua candidatura, de que seria dada uma senha para sinalizar um golpe contra Figueiredo. Seria o momento em que o jornalista Alexandre Garcia surgiria na tela da Globo apontando uma luz acesa no quarto andar do Planalto, dizendo "alguma coisa mudou em Brasília; são tantas horas e há alguém trabalhando no palácio".

Até hoje ninguém sabe, muito menos Alexandre Garcia, que ri do episódio, por que a senha não funcionou. Em compensação, o apego ao trabalho de Aureliano custou-lhe um inimigo para o resto da vida: João Baptista Figueiredo.

••••

Mais um expediente tentado contra a candidatura de Maluf seria a realização de uma prévia entre mais de cem mil inscritos da legenda. A idéia foi divulgada por José Sarney, presidente do PDS, logo após uma audiência com Figueiredo no Palácio do Planalto. A revista *Veja* chamou o assunto para a capa com o seguinte subtítulo: "A nova frente ampla: para deter Maluf, as diversas facções do PDS tentam se unir". No *lead*, afirma a revista: "No Brasil de hoje, parece impossível alguém fazer política sem estar contra ou a favor do deputado Paulo Maluf".

Maluf retornava de uma viagem ao Acre com destino a Brasília. O avião fez escala em Goiânia, onde ele foi avisado por Calim Eid da proposta da prévia. No dia seguinte, publicaria uma nota refutando a tese e afirmando que não colocaria seu nome nesse tipo de consulta.

Em conversa com jornalistas, queixou-se: "Toda semana aparecem com um casuísmo. A semana passada, era a prorrogação do mandato do presidente. Agora, é essa prévia. Qual será a invenção da semana que vem?". Maluf sabia que Figueiredo aprovaria qualquer coisa que pudesse lhe causar problemas, inclusive a prévia:

– A prévia era um pretexto de melar o jogo antes de o jogo começar – lembra Maluf.

Os adversários, é claro, gostaram da idéia. Mas muitos, especialmente Andreazza, duvidaram que o entusiasmo de Figueiredo pela proposta fosse autêntico. Aureliano chegou a procurar o presidente no dia seguinte para saber se ele queria a sua reeleição. Maluf sustentava que a idéia era apenas mais um prova de fraqueza dos seus adversários. Na verdade, a proposta da prévia, que não seria realizada, serviu para estilhaçar ainda mais o já conturbado PDS.

Maluf conta que houve uma reunião do partido da qual

ele não participou. Os ânimos estavam exaltados e a temperatura subiu num diálogo entre o deputado Flávio Marcílio, presidente da Câmara dos Deputados, e José Sarney. Sarney acabara de dar a sua palavra ao presidente Figueiredo de que faria a prévia.

– Quando o Sarney anunciou a idéia da prévia pela imprensa, o Figueiredo, que queria melar tudo e desmoralizar o presidente do partido, pura e simplesmente, desdisse o que havia dito na véspera. Foi aí que o Sarney foi à reunião, segundo ele próprio, armado, e saiu da reunião pedindo demissão do cargo. O senador Amaral Peixoto, do Rio de Janeiro, o substituiu no meio da batalha e renunciou ao cargo após a reunião. Assumiu então a presidência do PDS o governador de Sergipe, Augusto Franco, pai do deputado Albano Franco.

Sarney, em seguida, daria preciosa contribuição para a manobra tancredista. Ele trabalharia com os dissidentes do PDS pela decisão do Tribunal Superior Eleitoral de suspender o instituto da fidelidade partidária no colégio eleitoral. E de nada valeram os estrilos de Maluf e dos malufistas. O cenário para a derrota de Maluf estava montado.

CAPÍTULO XIII

O COMPLÔ PARA DERROTAR MALUF – 2

Se dentro do próprio partido o jogo já era marcado por trocas de caneladas e entradas violentas, imagine o que aguardava Maluf do outro lado do campo. A oposição capitalizava a insatisfação generalizada com o processo de abertura lenta e gradual do presidente Geisel, que se arrastaria por mais de seis anos com o mandato de Figueiredo. A distensão proposta por Geisel já perdera o rumo em função da verdadeira subversão, indisciplina – ou mesmo anarquia militar – que continuava nos subterrâneos dos chamados "porões" da ditadura. Os adeptos da linha dura provocavam até mesmo o governo. A morte de Vlado Herzog na Operação Bandeirantes, seguida da do líder operário Manoel Fiel Filho, era um verdadeiro desafio ao projeto Geisel-Golbery de chegar à democracia.

E durante o governo Figueiredo ocorreram atentados terroristas na sede da Ordem dos Advogados do Brasil e a explosão da bomba do Riocentro, episódios que chocaram a opinião pública, especialmente pela apatia do governo em punir os culpados. Resultaram, na prática, apenas no pedido de demissão do general Golbery do Couto e Silva. Golbery, num acesso de ira, teria declarado: "Vocês pensam que podem continuar aqui. Pois vocês vão levar um pé na bunda".[1]

1. Relato de Heitor Ferreira.

O governador Montoro se reunia com freqüência com governadores da oposição. Trocou seu chefe da Casa Civil, Eugênio, seu filho, para abrir espaço a um hábil articulador político, Roberto Gusmão, entregando-lhe praticamente a missão de ir montando nos bastidores uma rede de apoio suprapartidária a uma eventual candidatura lançada pela oposição. Numa das primeiras reuniões, o governador do Rio, Leonel Brizola, retirou-se antes de uma coletiva à imprensa, levemente irritado. Com certeza tentara convencer seus colegas da tese da prorrogação de mandato para Figueiredo e diretas depois de dois anos.

Pipocavam pelo país idéias de eleições diretas. Até que ela foi formalizada pelo deputado federal Dante de Oliveira, do PMDB de Mato Grosso. No dia 2 de março de 1983, Dante de Oliveira apresentou a Proposta de Emenda Constitucional nº 5.

Em 31 de março de 1983, no recém-emancipado município de Abreu e Lima, em Pernambuco, aconteceria a primeira manifestação pública por eleições diretas. Goiânia foi sede da segunda. Mas eram eventos de proporções reduzidas. Em Goiânia, por exemplo, havia no máximo 5 mil pessoas. Em São Paulo, 15 mil pessoas se reuniram diante do estádio do Pacaembu em 27 de novembro de 1983. Mas nada que abalasse o governo central. No término desse ano, com uma recessão violenta e uma taxa de inflação de 239%, entidades empresariais e sindicalistas, insatisfeitas, começaram a se envolver nessas manifestações.

Em 1984, o movimento Diretas Já ganhou musculatura e passou a ser ostensivo e desafiador. No dia 25 de janeiro, numa engenharia de mídia bem montada, um comício reuniu na praça da Sé, em São Paulo, cerca de 300 mil pessoas. Tudo foi planejado para que as imagens tomadas da praça fechassem a edição do *Jornal Nacional*. Realmente, a Globo encerrou o noticiário do dia falando do comício. Só que atribuiu a festa apenas a uma comemoração do aniversário de São Paulo, e nada além disso.

Essas reuniões em praça pública repetiram-se por quase todas as capitais e cidades de expressão do país. No dia 10 de abril, perto de um milhão de pessoas reuniram-se diante da Igreja da Candelária, no Rio. No dia 16 de abril, o último grande comício pela aprovação da emenda Dante de Oliveira concentrou 1,5 milhão de pessoas no vale do Anhangabaú, em São Paulo.

Naquele mesmo dia, em Brasília, Figueiredo, reunido com os ministros Leitão de Abreu, Rubem Ludwig, Medeiros, Danilo Venturini, mais o senador Sarney, Aloísio Chaves, líder do PDS no Senado, e o deputado Marchezan, reafirmou que os chefes militares eram contra a aprovação da emenda Dante de Oliveira. No dia 25 de abril de 1984, com 298 votos a favor, 65 contra e 3 abstenções, a emenda foi rejeitada por não alcançar o número mínimo de votos para sua aprovação. Ausentaram-se do plenário 114 parlamentares.

Essa derrota não esfriou a oposição. Maluf constatou que era apenas mais uma etapa superada. Alguns dias antes da votação, ele foi procurado por um amigo, o embaixador Vilar de Queiróz, que lhe disse: "Acho que você está cometendo um erro. O movimento Diretas Já vai continuar. Eles têm certeza de que ganham no colégio eleitoral".

O Diretas Já é reconhecido, sem contestação, como o movimento político que mais mobilizou a população brasileira em toda a sua história de mais de 500 anos. Não seria inexato dizer, porém, que todo esse entusiasmo popular talvez não fosse tão estrepitoso se certas pessoas soubessem das reais intenções de alguns dos nomes ilustres que freqüentaram seus palanques.

A oposição, positivamente, não jogava com um coringa só. Tinha várias cartas na mão. Durante a mobilização popular – Franco Montoro sempre dizia: "Política se faz por etapas e a etapa agora é a campanha das diretas" –, o timoneiro da oposição, Tancredo Neves, obtinha entre os políticos governistas insatisfeitos as adesões que poderiam levá-lo à vitória no colégio eleitoral.

No entanto, o lançamento da sua candidatura só ocorreria no dia 19 de junho de 1984, após uma longa reunião no Palácio dos Bandeirantes, com a presença de nove governadores do PMDB e um do PDT, Leonel Brizola. Antes de renunciar ao mandato de governador de Minas Gerais, Tancredo queria ter a quase certeza da vitória. Afinal, deixaria o governo de Minas nas mãos de Hélio Garcia antes da metade do mandato. A decisão do governador só foi tomada depois de *checklist* minucioso feito em várias frentes, inclusive nas áreas mais sensíveis do setor militar. Checagem feita pessoalmente por Tancredo.

O PDS, por sua vez, praticamente oficializava uma dissidência, reunida na chamada Frente Liberal. Em julho de 1984, um mês antes das duas convenções partidárias, e durante um recesso parlamentar, Tancredo, Ulysses Guimarães, Aureliano Chaves somaram-se a pemedebistas e aos chamados liberais para formar a Aliança Democrática. Nesse interregno, Aureliano e Marco Maciel abriram mão de suas candidaturas dentro da convenção do PDS. Tancredo escalara Aureliano Chaves para trazer um nome que a Frente Liberal indicasse como vice da sua chapa.

Aureliano, ingênuo, resolveu consultar o ex-presidente Geisel para ouvir sua opinião. Geisel sugeriu que o nome de um militar facilitaria o encaminhamento da candidatura Tancredo. Evidentemente, uma sugestão inviável para o contexto. Um militar teria que subir num palanque com Ulysses Guimarães ao lado. Geisel nunca perdoou Ulysses por tê-lo chamado de "Idi Amin branco".

A alta cúpula dos liberais – leia-se Jorge Bornhausen, Marco Maciel, Guilherme Palmeira, mais o senador José Sarney, que havia deixado a presidência do PDS em junho –, num encontro em Brasília, tentou definir um nome. Sarney sugeriu que o vice de Tancredo deveria ser Marco Maciel. Acontece que naquela mesma manhã Maciel havia consultado os maiores juristas de Brasília e sabia que seu nome poderia ser impugnado. Pela legislação vigente, ele fora eleito senador pelo PDS e não poderia, em tese, mudar de partido para sair candidato.

Em compensação, o candidato poderia ser José Sarney. Pela simples e casual circunstância de que ele havia sido eleito pela Arena, um partido já extinto. Portanto, do ponto de vista da técnica jurídica, Sarney não estaria mudando de partido.

Poderia levantar-se contra a candidatura de Sarney o fato de ele não ter ainda um ano de filiação partidária. Flávio Marcílio, que seria o vice de Maluf no colégio eleitoral, cogitou em recorrer à Justiça para impugnar a candidatura do vice com essa argumentação. Maluf foi contra. E disse ao seu vice: "O jogo a gente deve ganhar no tempo regulamentar e não no tapetão ou com recursos na federação. Vamos ganhar em campo, nos 90 minutos regulamentares".

A oposição, de qualquer forma, tomava precauções. A indicação de Sarney como vice era uma ilegalidade flagrante. Moacyr Dalla, então presidente do Senado, comentou com Maluf que recebera um telefonema do senador Sarney, que pôs Tancredo na linha. Tancredo pedia a Moacyr Dalla que não colocasse em votação uma eventual impugnação de Sarney. Mais ainda: solicitou ao presidente do Senado que não pusesse em votação nenhuma proposição que sequer mencionasse a palavra "diretas". Na Câmara a emenda Dante de Oliveira não passou por 22 votos. Mas poderia ser encaminhada e votada no Senado. A mesma emenda ou outras similares já existentes.

Dentro do próprio PDS a candidatura de Maluf era, com freqüência, questionada pelos seus amigos mais chegados. Delfim Netto conta que, depois de uma das várias falas de Figueiredo – "esse turco f. d. p. não vai sentar na minha cadeira" –, chegou a propor a Maluf que fechasse com Andreazza. Com Andreazza na Presidência, ele teria o que quisesse no governo federal. Delfim tinha informações preciosas que Maluf não queria ouvir. Ele havia estado em Minas a convite de um empresário amigo comum do então ministro e de Tancredo. Reunião fechada, sem testemunhas. Conversando sobre a sucessão de Figueiredo, Delfim registrou o interesse de Tancredo em sair candidato contra Maluf. Nessa conversa Delfim teria ouvido a expressão "nós vamos execrá-lo".

Um mês antes da Convenção do PDS, o ministro Leitão de Abreu tentou convencer Maluf a retirar sua candidatura. Diante do presidente Figueiredo, apresentou dados que indicavam que, se Maluf vencesse a convenção, o governo poderia sofrer uma derrota no colégio eleitoral.

Maluf apresentou outros números. Ele venceria até com certa folga. Ele, Heitor Ferreira e Calim Eid haviam feito cálculos preliminares que lhes dariam 516 votos contra 353 para Andreazza. Leitão retrucou: "Mas o senhor não se convence que é impopular?". Maluf respondeu: "Talvez minha impopularidade se deva ao fato de eu defender o governo, defender homens como o senhor e como o presidente. Se eu quiser ser popular, bastaria eu descer agora no Comitê de Imprensa e começar a falar mal dos senhores e do governo, como faz o Aureliano".

A propósito, em fevereiro de 1984, segundo o livro *O complô que elegeu Tancredo*, Figueiredo, numa audiência com o senador alagoano Guilherme Palmeira, teria dito que, se Maluf ganhasse no colégio eleitoral, haveria uma convulsão social no país. Em seguida, viria "o golpe". Segundo o livro, Figueiredo afirmou que não teria nada a ver com esse eventual golpe. Estaria descansando em seu sítio em Nogueira, no Estado do Rio.[2]

A convenção do PDS foi marcada para um sábado, dia 11 de agosto de 1984. A do PMDB ocorreria no dia seguinte. Maluf, apesar das pressões, venceu Andreazza por 500 votos a 350. A convenção do PMDB apenas aclamou a chapa Tancredo-Sarney.

Andreazza ficou agastado com a derrota. Tirou uma semana de licença e foi para o Rio. Maluf o procurou na sua volta

2. Op. cit., pp. 15-6.

a Brasília. Andreazza disse que, se ele quisesse o apoio de algum deputado, fosse falar com o Delfim. Maluf ainda ponderou: "Ministro, eu preciso do seu apoio. O senhor foi um ministro forte e teve uma votação expressiva na convenção". O apelo ficou no ar. Àquela altura, andreazzistas da primeira hora, como Antônio Carlos Magalhães, já articulavam com Tancredo.

Em setembro, com as candidaturas já definidas – Maluf pelo PDS e Tancredo pelo PMDB –, chegou até Maluf uma informação que poderia ter mudado a história, com H maiúsculo. O médico e deputado federal Renato Cordeiro presenciou a entrada furtiva de Tancredo Neves no Serviço Médico da Câmara. O deputado Israel Pinheiro Filho, que media 1,90 metro e pesava 120 quilos, lhe dava cobertura, para que não fosse notado.

Logo após a morte de Tancredo, Renato Cordeiro, em conversa com o dr. Renault de Matos, médico da Câmara, comentou o episódio e soube que Tancredo convivia havia tempos com uma febre permanente e se automedicava com antibióticos, indício claro de uma infecção grave. Maluf já tinha essa informação. Jesse Ribeiro, que também o acompanhava de perto naquela campanha e está com Maluf até hoje, conta que ele tinha inclusive a ficha médica de Tancredo no seu período de governador. Mas decidiu não utilizá-la.

Essa preocupação com a saúde é natural entre os políticos. Maluf a define como um "dever". Ele não esconde que há dez anos submeteu-se a uma cirurgia na próstata para a retirada de um tumor. E diz que faz acompanhamento periódico do seu caso, sem nenhum problema. Já outros políticos como José Bonifácio de Andrada, que foi durante anos presidente da Câmara dos Deputados, costumava dizer, brincando, que "político não pode ter enfarte; no máximo uma isquemia". Petrônio Portella, o homem em quem Golbery apostava como o primeiro civil presidente depois do ciclo dos generais, também perdeu a vida por adiar um exame mais detalhado durante uma viagem a Florianópolis. Estava enfartando e imaginou tratar-se de indisposição gástrica.

Maluf diz hoje que Tancredo deveria ter se submetido a um tratamento e até a uma eventual cirurgia antes da campanha. Reconhece que Tancredo temia que as circunstâncias lhe tirassem a Presidência das mãos. E finalmente justifica por que jamais usaria politicamente a informação sobre o estado de saúde de seu oponente.

– O povo brasileiro é muito bom. Ele seria solidário com Tancredo na doença. E se eu usasse a informação, a opinião pública poderia se virar contra mim, me tachando de coveiro. Política e campanha eleitoral devem ser feitas com ética.

Recordando a curta campanha da eleição presidencial, Maluf diz que ela transcorreu em alto nível, com respeito mútuo. No dia do colégio eleitoral, Maluf discursou. Tancredo não. Maluf prefere falar de improviso, mas nesse caso, com o título "Que vença o Brasil", o discurso foi elaborado por inúmeras mãos.

– Foi discurso pensado e repensado para não ter nada contra ninguém e tudo a favor do Brasil.

O discurso durou 28 minutos e foi interrompido 11 vezes por aplausos. Foi um discurso crítico sobre o regime. Deputados do PMDB comentaram que eles poderiam assinar aquelas palavras. Indagado sobre os autores do discurso, Maluf lembra de todos, mas se recusa a citar um nome sequer.

– Alguns foram para outro partido. Outros saíram da política. Mas não sei se aqueles que fizeram o discurso comigo gostariam de estar no meu livro. Acho que preferiam ser citados no livro de quem foi eleito.

No dia 15 de janeiro de 1985 a Aliança Democrática derrotou Maluf por 480 votos contra 180 e 26 abstenções. As pressões que não haviam funcionado na convenção do PDS agora deram resultado.

Maluf cruzou o Salão Verde numa situação difícil. Afinal, a festa que tomava conta do Congresso era de Tancredo. "Eu quis ser o primeiro a cumprimentá-lo. Atravessei aquele tumulto todo e desejei-lhe felicidades. Por coincidência, acabaram descendo juntos no elevador superlotado e Tancredo disse a Maluf: "Assim que puder, venha me ver. Precisamos conversar. Nós servimos de pilares para a democracia no Brasil".

No dia seguinte, 16, os jornais publicaram como matéria paga uma síntese do discurso "Que vença o Brasil" (ver Anexo I no final deste livro).

No próprio dia 16, a convite do jornalista Gilberto Dimenstein, então repórter do *Jornal do Brasil* em São Paulo, Maluf atravessou sozinho, sem segurança, a pé, o viaduto do Chá. Foi tratado com respeito e até cordialidade pela maioria das pessoas que cruzavam o viaduto naquela hora.

No dia 18 embarcou com d. Sylvia para o exterior colocando em prática sua teoria de que a melhor colaboração que o candidato que perde uma eleição pode dar ao vencedor é deixá-lo trabalhar. Segundo Maluf, ex-presidente e candidato derrotado que fala todo dia só atrapalha a administração.

Maluf, é claro, diz que gostaria muito de presidir o país. E acredita, sem falsa modéstia, que isso teria sido melhor para a economia brasileira. Mas não aconteceu. Como cristão, católico, Maluf acredita muito na palavra árabe *maktub*, que quer dizer "carta". Mas no sentido figurado significa "está escrito", "Deus quis assim". Deus não quis que ele fosse presidente.

– Não há como protestar contra os desígnios de Deus...

A sucessão de João Baptista Figueiredo teve inclusive contornos de problema internacional. No dia 14 de junho de 1984, em Paris, o senador Fernando Henrique Cardoso reuniu-se com seu amigo dos tempos de exílio, Robert Mitterrand, irmão do presidente da França, e com Régis Debret, assessor especial do governo para a América Latina. Robert sabia quem era Maluf, mas nunca ouvira falar de Tancredo. FHC explicou.

Em meados de setembro de 1984 desembarcou no Brasil o ex-secretário de Estado norte-americano, Henry Kissinger. Contatou várias lideranças políticas, mas teve a cabeça feita, como se diz, pela oposição. No dia 22 de setembro à tarde, Kissinger visitou o governador Franco Montoro no Palácio dos Bandeirantes. Disse a Montoro que acabara de almoçar com 20 empresários de grosso calibre e só um achava que Maluf tinha condições de suceder Figueiredo.

A plutocracia paulista pesara os prós e os contra e decidira abandonar de vez Maluf à sua própria sorte, mesmo que isso representasse um custo financeiro. Delfim Netto diz hoje: "Eles fizeram o que diziam que a gente estava fazendo".

Em novembro de 1984 chegara a Brasília o secretário de Estado George Schultz com a missão específica de examinar como se daria a sucessão presidencial no Brasil. Ele seria "operado", como se diz modernamente em política, pelo próprio Tancredo Neves num almoço na casa do embaixador dos EUA no Brasil, Diego Ascêncio, ao qual Tancredo compareceu em companhia de Marco Maciel.

Na visita de Kissinger, que almoçou com o presidente no Hotel Ca' D'Oro, João Baptista Figueiredo jogaria, pela última vez, suas fichas na prorrogação de seu mandato. Disse que a candidatura Tancredo sofria sérias objeções das Forças Armadas e dele próprio, Figueiredo. Explicou a razão: o apoio que estava recebendo das esquerdas. Pode ter sido uma derradeira tentativa de bloquear a ascensão de Tancredo via um golpe de estado apoiado pelos EUA. Ou talvez apenas um reflexo do inconsciente, motivado pela longínqua lembrança de 1964, em que o porta-aviões Forrestal já navegava pelo Caribe quando o governo americano foi informado que o então presidente João Goulart deixara o país rumo ao Uruguai e que o movimento militar fora bem-sucedido. O Forrestal, acompanhado de vários navios carregados de combustível, teve que simular manobras na região. Apenas Kissinger não tinha mais poder e a antiga influência sobre o governo dos Estados Unidos, e o mundo estava mudado. A roda girava ao contrário.

CAPÍTULO XIV

SÓ PERDE UMA ELEIÇÃO QUEM NÃO DISPUTA

Se Deus não quis que Maluf fosse presidente da República em 1985, seus correligionários ajudaram muito. Chamado de "usurpador" e de "comprador de consciências" por gente do seu partido, a adjetivação na verdade mal disfarçava o ciúme por ele atuar pessoalmente numa seara tida como reserva de mercado exclusiva dos governadores.

Partindo de uma visão pragmática, Maluf focou sua campanha principalmente no Nordeste. Era a região onde o PDS tinha mais governadores e mais parlamentares, portanto, mais delegados no colégio eleitoral. Mas faltavam ao candidato informações mais detalhadas, mais sutis – e que seriam preciosas – sobre certas idiossincrasias locais.

A lógica malufista acabou não tendo o resultado esperado. Incomodada com a ingerência direta do candidato, por exemplo, a maioria dos governadores nordestinos preferiu ficar distante durante a campanha e acabaria influenciando os votos dos representantes das Assembléias Legislativas no colégio eleitoral, cuja composição era: todos os membros do Congresso Nacional (todos os senadores e deputados federais), mais seis deputados estaduais de cada unidade da Federação indicados pelo partido majoritário nas respectivas Assembléias Legislativas. Maluf, com sua prodigiosa memória, cantada em prosa e verso, recompõe o mapa do Brasil como se fosse hoje. E começa por onde teve as maiores decepções:

– Divaldo Suruagy, de Alagoas, era o vice de Andreazza. Nós antecipamos a convenção do PDS para o dia 11 de agosto para que ele não tivesse problemas de desincompatibilização e pudesse ser candidato a vice-presidente. Se a convenção fosse dia 15, ele teria que renunciar ao cargo de governador de Alagoas. No entanto, os membros do colégio eleitoral que eram dele não votaram em mim. Em Pernambuco, o governador era Roberto Magalhães. Os seis convencionais do estado não votaram em mim. No Rio Grande do Norte, o governador era o José Agripino Maia. Os delegados não votaram comigo. Na Bahia, o governador era João Durval Carneiro. Os delegados votaram conforme a orientação de Antônio Carlos Magalhães. Mas é bom que se diga que os três senadores não ficaram com Antônio Carlos. Tive os votos dos senadores Luiz Vianna Filho, Lomanto Junior e Jutahy Magalhães. Em Sergipe, o governador João Alves ficou firme, mas os convencionais não votaram em mim. No Ceará, o governador era Gonzaga Motta. Tive total lealdade do grupo do senador Virgílio Távora e do senador César Cals. No Maranhão, o governador Luiz Rocha ficou com Sarney. Mas os delegados da Assembléia votaram Paulo Maluf. Tive ainda os votos dos senadores Alexandre Costa e João Castelo. No Piauí, o governador Hugo Napoleão inicialmente ficou comigo. Depois, quando percebeu que a eleição estava perdida, ele ficou com Tancredo. Mas tive o apoio sincero do grupo do senador Lucídio Portela. E não posso deixar de registrar a correção do governador Wilson Braga, da Paraíba. Ele reuniu a Assembléia e enfatizou a importância da fidelidade partidária declarando que todos deveriam votar no candidato do partido.

No Sul, Maluf lembra que, no Rio Grande, o governador Jair Soares o acompanhou quase até o fim. Depois subiu no muro. Mas os delegados estaduais votaram nele. Em Santa Catarina, metade dos delegados também ficou com ele.

– O Esperidião Amin estava pactuado até a minha chance de vitória. Depois deixou correr solto.

O resto é a história oficial. Tancredo não tomou posse e faleceu no dia 21 de abril de 1985. Maluf estava em Nova York e mandou rezar uma missa na catedral de St. Patrick. A igreja estava lotada. Ele deu declarações de pesar e desejou que Sarney fizesse um bom governo.

– Mas veja a ironia do destino. A oposição e o PMDB mobilizaram a população durante um ano pelas diretas, fizeram aquele barulho todo, e acabaram elegendo, por via indireta, o ex-presidente do PDS. Dou razão ao que o Lula e o José Genoíno falaram na época, que nada havia mudado no Brasil. Bastava olhar o ministério da chamada Nova República e você encontraria ali vários políticos que deram sustentação ao regime militar.

Maluf voltou a ocupar sua cadeira de deputado federal e passou a atuar nas eleições de São Paulo, seu território. Meses depois da derrota no colégio eleitoral, o voto malufista foi decisivo à vitória de Jânio Quadros na eleição para a Prefeitura de São Paulo.

Os institutos de pesquisa davam como certa a vitória de Fernando Henrique Cardoso, que antes da eleição posou para uma foto sentado na cadeira do prefeito da cidade. O primeiro ato do novo prefeito foi documentado por toda a mídia: Jânio borrifou a cadeira com um *spray*, como se a tivesse desinfetando.

Em 1986 Maluf saiu candidato ao governo do Estado de São Paulo. Começou a mudar seu visual. Deixou os óculos de lentes grossas, que o faziam olhar para o interlocutor de cima para baixo, reforçando sua imagem de arrogante. O mote da sua campanha foi bater na administração Montoro. Apresentava-se como um grande realizador e dizia que a maior obra de Montoro foram as hortas comunitárias plantadas sob os linhões da Cesp (Companhia de Energia de São Paulo).

Até o dia 8 de junho liderou as pesquisas. Contava como certo o apoio do PTB. Mas o partido decidiu lançar candidato próprio logo após uma conversa, entre março ou abril de 1986, do empresário Antônio Ermírio de Moraes com o presidente José Sarney. Antônio Ermírio acabou saindo pelo PTB e dividindo com Maluf uma faixa do eleitorado.

O vencedor da eleição acabaria sendo o peemedebista Orestes Quércia. No ano de 1986 todos os candidatos que saíram pela legenda do PMDB acabaram se beneficiando de uma miragem chamada Plano Cruzado, dos episódios dos "fiscais do Sarney" e do "boi no pasto". O governo destacou até a Polícia Federal para laçar gado pelo Brasil afora depois que surgiram acusações de que pecuaristas estavam boicotando o plano, retendo seu gado e com isso provocando a volta da inflação. O PMDB elegeria 22 governadores e uma penca de senadores.

– O Plano Cruzado foi um artifício. Uma subvenção para que não houvesse inflação durante certo tempo. A inflação foi estancada entre fevereiro e novembro de 1986, exatamente o mês da eleição. Depois desandou. No final do governo Sarney a inflação era de "módicos" 80% ao mês. A vitória do Quércia não foi festejada por toda a cúpula do PMDB de São Paulo. Antes da eleição, lembro-me de uma declaração do Ulysses que foi manchete na *Folha de S.Paulo*: "Ruim com o Quércia, pior sem ele".

Em 1988 Maluf lançou sua candidatura à Prefeitura de São Paulo. Tinha como adversários candidatos que dividiam a mesma faixa do eleitorado: João Leiva, do PMDB, José Serra, do recém-criado PSDB, e Luiza Erundina, do PT. Maluf disparou nas pesquisas e chegou a 39% em setembro. Manteve a liderança até a última semana da campanha, quando então foi atropelado por aquilo que ele chama de um "ato sem qualificação, uma sandice".

Durante uma greve na Companhia Siderúrgica Nacional, em Volta Redonda, no Rio, batalhões de choque da Polícia Militar e o Exército ocuparam a usina sob o argumento de que era área de segurança nacional. Num confronto com os manifestantes, foram mortos três operários. O incidente abalou a opinião pública nacional. E, como protesto contra o governo – na verdade contra tudo –, a deputada estadual Luiza Erundina foi eleita no lugar de Maluf.

É importante lembrar que nas eleições de 1986 e 1988 não havia segundo turno para eleições majoritárias. Esse dispositivo, criado na Constituição de 1988, só seria aplicado na eleição para a Presidência da República em 1989, a primeira eleição direta para presidente após um jejum de 30 anos.

Maluf costuma dizer que a política é feita de vitórias e derrotas, e acha graça quando lê em algum jornal frases do tipo "o eterno candidato". Diz que só perde uma eleição quem não a disputa. Numa campanha, o candidato apresenta o seu programa e defende suas idéias. Passa a ser mais bem conhecido pelo eleitorado. Lembra ainda que toda campanha deixa um *recall* de comunicação, uma lembrança para a eleição seguinte. Ele dá o exemplo de Antônio Ermírio, que disputou uma única campanha.

– Ele poderia ter sido um ótimo governador e até presidente da República se continuasse. Se ele tivesse sido candidato de novo em 1990 ou 1994, poderia ter tido sucesso. É um homem inteligente, sério, e tem o maior grupo empresarial brasileiro, 100% nacional. Tem também uma família maravilhosa.

Em 1989, "o eterno candidato" obteve sua indicação para a eleição presidencial derrotando na convenção do PDS o então prefeito de Florianópolis, Esperidião Amin. Foi o segundo mais bem votado em São Paulo, mas não chegou ao segundo turno, assim como não chegaram Brizola, Mario Covas, Guilherme Afif Domingos e Ulysses Guimarães.

Polarizaram a opinião pública, de um lado, Fernando Collor de Mello, agitando sua bandeira de "caçador de marajás", e Lula. Collor capitalizou o clima de insatisfação do final de governo Sarney. Do outro lado, surgia, ainda cercado de desconfianças e temores da classe empresarial, o sindicalista Luiz Inácio Lula da Silva.

O resultado dessa eleição teria sido definido pela mídia. Depois de uma série de capas das revistas semanais inflando a candidatura do então pouco conhecido governador de Alagoas, o último debate na Rede Globo foi decisivo para a vitória de Collor. Maluf tem uma teoria sobre essa eleição:

– Nas minhas campanhas, eu tento passar a imagem de um construtor. Mas em certas épocas a população não quer um construtor. A situação social, financeira e moral do país era tão grave, que o eleitor preferiu um candidato que fizesse um combate radical a esse estado de coisas. Essa foi a estratégia de Collor, e deu certo. Rendeu mais votos.

Na campanha para o governo do Estado de 1990, Paulo Maluf colocou novamente seu nome em julgamento pelo eleitorado. Enfrentou Mário Covas, do PSDB, Plínio Arruda Sampaio, do PT, e Luiz Antonio Fleury Filho, do PMDB, secretário de Segurança Pública e candidato tirado do bolso do colete do governador Orestes Quércia.

Em junho Maluf liderava nas pesquisas e chegou a abrir 17 pontos de vantagem sobre Covas. No início de agosto, iniciado o horário eleitoral, Maluf usou a estratégia – que passaria a ser prática usual entre os líderes das pesquisas – de não comparecer a alguns debates. Seus adversários passaram a criticá-lo duramente, em especial Covas.

Mário Covas e Maluf foram contemporâneos na Escola Politécnica. Maluf o considerava um bom engenheiro e diz que ele foi cassado injustamente, apesar de reconhecer nele um estilo áspero ao verbalizar seus pontos de vista, especialmente suas críticas. O que poucos sabem é que Maluf chegou a encomendar inúmeros projetos da empresa Ductor de um engenheiro santista cassado pelo regime. Maluf diz que a empresa de Covas era muito séria, idônea e trabalhava corretamente.

Com as críticas, Maluf caiu nas pesquisas e não definiu a eleição no primeiro turno. Terminou em primeiro lugar com 34,3% dos votos contra 22,2% atribuídos a Fleury, o segundo colocado. No segundo turno, encontraram-se assim, frente a frente, dois políticos tipicamente paulistas, com fama de construtores e com vocação para as grandes obras, Paulo Maluf e Orestes Quércia.

Na campanha, os discursos de Maluf e Fleury, norteados por Quércia, enfatizavam obras e segurança. Fleury receberia o apoio da ex-prefeita Erundina e começou a abrir pequena vantagem sobre Maluf. No último debate da TV foi Fleury quem não compareceu. Luiz Antonio Fleury Filho derrotou Paulo Maluf por 3,6% dos votos. Fleury teve 7 368 726 votos. Maluf, 6 865 158.

A tese de Maluf que só perde uma eleição quem não disputa pode ser confirmada em números. Apesar das derrotas de 1986 até a campanha de 1990, seu eleitorado praticamente dobrou na capital e no interior do Estado de São Paulo. Na capital pulou de 19,4% para 37,9%. No estado saltou de 17,27% para 34,3%.

Esse crescimento foi fundamental para reconduzi-lo à Prefeitura de São Paulo em 1992. Maluf derrotou um dos nomes mais emblemáticos do PT, o senador Eduardo Suplicy, com quase um milhão de votos de diferença.

CAPÍTULO XV

O ORGULHO DE MORAR NESTA CIDADE

No dia 11 de janeiro de 1993 Maluf iniciou a sua mais profícua administração da cidade de São Paulo. Um ano antes da eleição já liderava as pesquisas de opinião. Na disputa, enfrentou Aloysio Nunes Ferreira, do PMDB, vice-governador de Fleury, e que contava também com o declarado apoio de Orestes Quércia. O PT escolheu o que tinha de melhor: o senador Eduardo Suplicy. Maluf e Suplicy posicionaram-se melhor durante a campanha.

Nessa eleição a população buscava um realizador, figurino que Maluf veste com naturalidade, em contraponto à prefeita Luiza Erundina, que chegou a paralisar obras iniciadas pelo prefeito Jânio Quadros.

A estratégia de marketing reforçava a imagem do "tocador de obras". O *slogan*, criado pelo publicitário Duda Mendonça, era curto e grosso: "Maluf faz. Maluf fez". Ainda na campanha "adensou seu entorno político", frase cunhada pelo jornalista Cláudio Humberto e que se tornaria um jargão do jornalismo. Maluf recebeu apoios surpreendentes. Como o de Jarbas Holanda e Rodolfo Konder, ex-comunistas. Konder acabaria sendo secretário de Cultura do seu governo.

Maluf por muito pouco deixou de definir a eleição no primeiro turno. Em agosto chegou a obter 48% das intenções de voto. O processo de *impeachment* contra Fernando Collor, instalado no dia 29 de setembro, pode ter colaborado para que perdesse alguns pontos. Mesmo assim, no dia 3 de outubro, obteria 2 036 776 votos. Ou 37,3% dos votos válidos. Elegeu-se no segundo turno, no dia 15 de novembro, com 2 805 201 votos contra 2 024 922 dados a Suplicy.

Maluf, depois de cinco derrotas, estava em lua-de-mel com a política. Antes da posse e no dia em que embarcaria para a Europa com d. Sylvia, deu sua segunda entrevista no programa *Cara a cara*, de Marília Gabriela. A primeira ele havia dado logo depois da derrota para Erundina.

Gabi, na entrevista, coloca em questão o fato de Maluf ser o político que mais divide opiniões radicais, paixão e ódio. E pedia para que ele definisse "rejeição". Maluf dá algumas voltas antes de admitir que a "a sensação de ser rejeitado é de tristeza".

Já aquilo que muitos definem como "insistência", Maluf chamou de "paciência". Porque ele sempre acreditou que a sua proposta estava certa, era a melhor. A sua comunicação é que foi errada. Deu como exemplo a eleição que havia perdido para Tancredo. Nessa disputa, ele era o "novo" e Tancredo, até pela sua idade, era o "conservador". Vinha do antigo PSD, tradicionalmente atrelado ao poder. No entanto, a imprensa o associou à velha guarda, que representava o regime militar.

Na entrevista, ele também dizia que o mundo havia mudado para justificar a montagem do seu secretariado que ia de economistas do regime militar a intelectuais do antigo Partido Comunista. Em síntese, ele respondeu: "O Muro de Berlim caiu. A União Soviética se desintegrou, o que as pessoas querem é trabalhar e progredir".

Durante os 40 anos de sua vida pública acreditou que essa é a grande motivação que o levou a ingressar na política. Quando Maluf estava na Caixa Econômica Federal, no início da sua carreira, recebeu uma senhorinha que insistia em falar pessoalmente com ele. O problema dela poderia ser resolvido por um funcionário. Mas ela insistia. Em respeito à sua fragilidade, mandou que ela entrasse em sua sala.

– Ouvi daquela senhora uma frase que me marcou para o resto da vida. Contou-me o seu problema, e eu disse que ia resolver. Conversamos então sobre São Paulo, onde ela vivia desde que nascera. E me surpreendi quando ela me disse que tinha prazer em pagar impostos para o prefeito Faria Lima. Porque, quando andava pela cidade, ela via que o seu dinheiro estava bem empregado em obras.

Maluf recomenda a quem acha que pode administrar sem realizações materiais que vá discutir com os romanos:

– Eles fizeram quilômetros de aquedutos, construíram estradas por todo o império, e na própria Roma dos césares você tropeça em ruínas de obras milenares. Chegaram a construir o Coliseu. Alguém no Senado romano deve ter protestado contra o gasto de dinheiro público na construção de um circo. Eu pergunto: quantos bilhões de dólares essa obra rendeu e rende até hoje aos cofres públicos italianos? Quantos turistas vão a Roma para visitar o Coliseu?

Em toda campanha que Maluf disputou ele imprimiu seu programa de governo. Agora, ele convocava os paulistanos a se orgulhar da sua cidade. Seu plano de trabalho para São Paulo era apresentado num caderno de quase cem páginas com o chamamento: "Tudo o que precisa ser feito para você voltar a ter orgulho de morar nesta cidade".

Fazendo jus à sua fama de "construtor", em seus primeiros dias de governo iniciou um enorme conjunto de obras viárias. Entre as inúmeras avenidas que construiu, três marcaram sua segunda gestão frente à Prefeitura de São Paulo. A Jacu-Pêssego é a menina dos seus olhos. Com 17 quilômetros de extensão e 8 pistas, revitalizou e urbanizou uma área degradada, facilitando o acesso da interminável Zona Leste paulistana ao pólo industrial do ABC, na Grande São Paulo.

– Eu construí uma Faria Lima na Zona Leste.

Para a avenida Faria Lima, Maluf reservou uma novidade. Criou o Cepac (Certificado Potencial de Adicional de Construção) que permitia a quem tivesse interesse em construir imóveis na região além das restrições da Lei do Zoneamento pagar uma taxa à prefeitura, desde que seu projeto fosse aprovado. Foi com esse mecanismo que surgiu, a custo zero para a administração, a Nova Faria Lima, o prolongamento de uma das avenidas mais importantes de São Paulo, construída pelo próprio Maluf, na sua primeira gestão como prefeito. Os recursos obtidos com a venda dos certificados do Cepac, por lei, só poderiam ser aplicados na própria avenida. O desenvolvimento da região foi algo espantoso – e incontestável.

Outra grande avenida construída por Maluf foi a Água Espraiada, hoje chamada Jornalista Roberto Marinho. Os engenheiros da prefeitura, aproveitando um fundo de córrego onde se penduravam favelas e transbordava com freqüência, construíram um complexo com a avenida, viadutos e até um piscinão, que acabou com as enchentes na área.

A confluência da avenida Jornalista Roberto Marinho com a Luiz Carlos Berrini gerou outro pólo de desenvolvimento rápido e extraordinário. Hoje a região abriga hotéis cinco-estrelas, dezenas de edifícios comerciais, sede de multinacionais, instituições financeiras e da própria Rede Globo em São Paulo.

Os grandes complexos viários construídos nessa segunda gestão na prefeitura obedeciam ao princípio de tentar enxergar a São Paulo do futuro, se possível com décadas de antecedência. Nesse ponto, administrar a cidade, com seu potencial de crescimento, seria um desafio e tanto para o novo prefeito. Seria, nas palavras do próprio Maluf, "como trocar um pneu de um carro andando em alta velocidade".

Mas ele aceitou o desafio. Construiu o complexo viário Ayrton Senna, um conjunto de túneis no parque do Ibirapuera, onde dois, inclusive, passam sob o lago. Construiu o complexo viário Maria Maluf para integrar o minianel rodoviário da cidade. A obra tornou-se alternativa para retirar o trânsito pesado de caminhões da região central e interligar 11 rodovias que chegam à capital. Fez o complexo viário Escola de Engenharia Mackenzie, no bairro do Sacomã, facilitando o acesso às rodovias Imigrantes e Anchieta. Construiu também o complexo viário Eusébio Matoso, uma passagem subterrânea e a ponte Bernardo Goldfarb sobre o rio Pinheiros.

Túneis, passagens de nível e viadutos também foram muitos. Os mais conhecidos são os túneis Jânio Quadros e Sebastião Camargo, que passam sob o rio Pinheiros. Há ainda os túneis Tribunal de Justiça de São Paulo, sob o cruzamento das avenidas Santo Amaro e Juscelino Kubitschek. A passagem subterrânea Tom Jobim, no cruzamento da avenida Tiradentes com a rua Senador Queiroz, eliminou os congestionamentos de um dos maiores gargalos do trânsito do centro da cidade, que antes chegavam quase ao Anhangabaú.

Os adversários de Maluf dizem que ele priorizou obras que contemplam o transporte individual. Ou seja, o automóvel. Maluf contesta dizendo que, em primeiro lugar, em muitas dessas avenidas e túneis circulam ônibus. E que ele também se preocupou com o transporte coletivo. Construiu, por exemplo, os terminais da praça da Bandeira, da Penha, da Vila Nova Cachoeirinha, da Cidade Tiradentes, da João Dias, do parque D. Pedro II, além de outro terminal na mesma região para beneficiar o turismo de compras da rua 25 de Março e do Brás.

Deixou ainda iniciadas as obras dos terminais Princesa Isabel e Capelinha. Ainda para a população que se utiliza de ônibus implantou o corredor exclusivo da Vila Nova Cachoeirinha–Inajar de Souza até a avenida Rio Branco. Recuperou também o corredor Santo Amaro–Nove de Julho.

Os críticos de sua administração agouravam os túneis cavados sob os rios e o lago do Ibirapuera. Diziam que as infiltrações de água seriam inevitáveis.

– Não vazou uma gota. Porque eu e os engenheiros da prefeitura fiscalizávamos cada centímetro das obras. E eu cobrava nas reuniões de equipe que continuaram a ocorrer todas as sextas-feiras.

Numa dessas reuniões surgiu uma solução revolucionária para um dos graves problemas da cidade. A idéia logo ficou conhecida com os "piscinões do Maluf ".

A avenida Pacaembu sofria havia décadas com o problema das enchentes. Maluf – como qualquer paulistano com mais de 40 anos – se recorda de uma cena vista na televisão de um homem agarrado a uma árvore enquanto carros eram arrastados pela enxurrada que descia das ruas transversais, de um lado e de outro da avenida. A cena se repetia anualmente num dos bairros mais tradicionais e valorizados de São Paulo.

A solução convencional, em termos de engenharia, para o controle das inundações da avenida Pacaembu previa o que se chama de "reforço de galeria". O que significa a construção de uma galeria paralela ou a ampliação da capacidade da galeria existente. Nos dois casos seria necessário esburacar a avenida por cerca de dois anos, causar um transtorno de trânsito para a população e cortar as árvores centenárias que sombreavam a avenida. O custo da obra, na época, era o equivalente a 50 milhões de dólares.

Naquela reunião, Maluf e os engenheiros começaram a pensar na hipótese de fazer um armazenamento subterrâneo do excesso de água que a galeria não conseguisse absorver sob a praça Charles Müller, um espaço amplo, ajardinado, mas vazio, que fica diante do estádio do Pacaembu.

O excesso de água que caía sobre o vale seria armazenado durante as chuvas fortes no subterrâneo da praça. E depois vazaria durante horas para a galeria existente, que o transportaria calmamente até seu destino, o rio Tietê. Com uma enorme vantagem. O custo. O piscinão do Pacaembu custou o equivalente a 10 milhões de dólares. Cinco vezes menos do que um projeto convencional. Sem desapropriações, sem interrupção do trânsito e sem o sacrifício das árvores.

– Confesso que não vi essa idéia em lugar nenhum. Em todos os países desenvolvidos da Europa você tem enchentes destruidoras. A idéia dos piscinões é brasileira. É uma solução "caipira". Não é a única saída para combater as enchentes do Tietê. Mas é, sem dúvida, a melhor e mais barata. Eu construí, por exemplo, o projeto do piscinão da avenida Roberto Marinho. Quando chovia, a água chegava a 1 metro de altura. O piscinão acabou com toda enchente que acontecia na região da Vila Olímpia, próxima ao canal do rio Pinheiros. Os prefeitos que me sucederam fazem piscinões. Porque a população quer, e é a saída mais barata.

Em seu programa de governo Maluf já diagnosticava a necessidade de uma atuação forte na área habitacional. Era óbvio que o cerne do problema se concentrava na população de baixa renda. Foi criado então o Cingapura, um projeto de construções de conjuntos habitacionais em favelas. O nome Cingapura surgiu de uma viagem que Maluf havia feito àquele país em 1995.

Cingapura era um protetorado inglês antes da Segunda Guerra Mundial. Um dos seus problemas graves sempre foi o de moradia, dado o pequeno território.

– Quando visitei o país, o Brasil exportava 50 bilhões de dólares/ano. E Cingapura exportou naquele ano 102 bilhões de dólares. Seu território é do tamanho da cidade de São Paulo. Quando os ingleses saíram de lá, Cingapura era um favelão. Os novos governantes verticalizaram as construções urbanizando as antigas favelas e deram condições mínimas de qualidade de vida para seus habitantes. Vi que era possível aplicar o modelo às nossas favelas.

Em quatro anos, a administração Maluf construiu 8 700 apartamentos em 58 favelas e deixou outros 12 mil em fase final de construção. Beneficiou cerca de cem mil pessoas. Além, é claro, de gerar empregos na construção civil e recuperar áreas importantes da cidade.

– O mais importante é você melhorar a vida das pessoas. O jornalista Josias de Souza me propôs uma vez visitarmos juntos, sem seguranças, um conjunto do Cingapura. Fomos eu, ele e o motorista. Nada de assessoria. Uma senhora veio conversar comigo e disse: "Seu Maluf, o senhor não sabe como eu estou feliz. Tentei comprar uma geladeira duas vezes. Não consegui porque não tinha endereço para a entrega, nem da geladeira, nem do carnê. Mas essa semana eu consegui comprar minha geladeira. Agora eu tenho um endereço".

Maluf diz que na periferia de São Paulo as pessoas o tratam por "Seu Maluf".

– Lá não tem essa história de "deputado" nem de "Doutor Paulo". Para o povão, eu sou o "Seu Maluf".

Na área da saúde, Maluf criou e implantou o PAS, Plano de Atendimento à Saúde. Era um sistema de gerenciamento de hospitais, postos de saúde, cooperativas de médicos e funcionários públicos que otimizou e trouxe eficiência ao sistema municipal de saúde.

Em entrevista à revista *Plug*, do 13º Curso Abril de Jornalismo em Revistas, em 1996, Maluf explicava o que era o PAS. Começava dizendo que o programa beneficiaria os pobres, e acrescentava: "É um sistema de cooperativas médicas em que a prefeitura paga 10 reais por mês por paciente cadastrado. Isso é bastante dinheiro. Tempos atrás, o próprio ministro da Saúde, Adib Jatene, elogiou o plano dizendo que o valor é três vezes maior do que paga o sistema de saúde do governo federal. É que lá existe a maior roubalheira. No SUS, do governo federal, há casos de uma pessoa do sexo masculino que fez uma cesariana e outro que morreu duas vezes. Eu disse e repito: morreu duas vezes porque faltava verba. Senão teria morrido quatro".

O plano foi mal recebido pelo presidente do Conselho Regional de Medicina da época, que chegou a entrar com uma liminar na Justiça contra a sua implantação. Apesar dos vários obstáculos colocados à sua frente, Maluf pôs o PAS para funcionar. Ao término da sua gestão, várias pesquisas apontaram que mais de 90% da população aprovava o programa. Graças ao PAS, o número de leitos passou de 1 796 para 3 630. Por sua eficiência recebeu menção honrosa do Harvard Medical International e da Conferência sobre Serviços de Saúde para a China do Amanhã.

Nas escolas e creches houve um crescimento de vagas de 11,7% em relação à administração anterior. Nas creches, o gasto *per capita* passou de 89 para 108 dólares. Mas a grande novidade na área da educação foi o Programa Leve Leite. Mensalmente, a prefeitura entregava dois quilos de leite em pó – o equivalente a 14 litros – aos alunos da rede municipal que apresentassem freqüência igual ou superior a 90% das aulas dadas. O projeto reduziu sensivelmente a evasão escolar, além de contribuir para a saúde das crianças. A sua gestão também foi a primeira administração municipal a introduzir núcleos de informática na rede de ensino.

Havia ainda o Programa Bairro a Bairro. Mensalmente, a administração municipal se deslocava para um bairro da cidade. Prefeito e secretários concentravam seus esforços para solucionar problemas específicos daquela localidade, além de prestar auxilio médico e jurídico à população.

Maluf gosta também de lembrar que em suas administrações sempre se preocupou em realizar obras que não têm inauguração solene ou fitas para cortar. Com recursos do BID – Banco Interamericano de Desenvolvimento – e do governo municipal canalizou 26 córregos na periferia. Como os de Aricanduva, Mandaqui, Itaquera, Jaguaré, entre outros.

Criou e implantou também o Projeto Guarapiranga, com várias obras de recuperação urbana e melhoria nas favelas da região, uma das áreas mais carentes de São Paulo. Essa ação beneficiou 200 mil pessoas e foi fundamental para a despoluição da bacia que abastece com água a quarta parte da população de São Paulo.

Um decreto municipal de Maluf geraria uma polêmica nacional. A sua administração instituiu, pela primeira vez no país, a obrigatoriedade do uso do cinto de segurança dos veículos. O delegado Cyro Vidal, do Detran, alegou que o decreto era inconstitucional, porque a matéria era assunto de lei federal. Maluf respondeu que ele preferia salvar vidas, mesmo inconstitucionalmente.

A iniciativa reduziu drasticamente o número de acidentes com mortes em toda a cidade de São Paulo. E tanto era necessária que acabou virando lei em todo o território nacional, e o que é mais importante, uma "lei que pegou", como se diz.

Outro decreto municipal que gerou intensos debates foi o da obrigatoriedade de áreas exclusivas para fumantes em bares e restaurantes. Maluf foi pioneiro mundial quando assinou um decreto combatendo os males causados pelo fumo. Com o tempo, as restrições ao cigarro foram se ampliando. Chegaram aos supermercados, aos aeroportos, e hoje atingem até os ambientes de trabalho, obrigando a criação de "fumódromos" para os tabagistas.

O uso do cinto de segurança e a restrição ao cigarro são hoje aceitos com naturalidade por toda a população. Com duas leis municipais, Maluf justifica uma idéia recorrente no seu discurso. A de que um homem público deve pensar a cidade, o estado e o país com 20, 30 anos de antecipação. E que não pode esmorecer na primeira divergência ou dificuldade.

A revista *Veja*, na edição de 9 de outubro de 1996, dava

capa com Maluf com o título "O Papa Voto". No texto, assinado pelo jornalista Joaquim de Carvalho, um trecho traduz o sentimento de Maluf ao sair da prefeitura: "Maluf nunca foi o prefeito mais popular do Brasil, mas nenhum outro enfrentou uma realidade tão áspera como administrar uma cidade com 10 milhões de habitantes, tão rica, tão desigual. Mesmo assim, está saindo da prefeitura com a aprovação de 62% da população, contra 29% de Erundina em 1992 e 30% de Jânio Quadros em 1988".

Maluf tinha o sentimento do dever cumprido. Mais: sabia que poderia eleger como seu sucessor, como se diz no jargão político, um "poste".

CAPÍTULO XVI

PEDREGULHOS NO CAMINHO

Em fins de 1993 e início de 1994, especulou-se que os bons índices de aprovação na prefeitura poderiam justificar uma nova tentativa de Maluf nas eleições presidenciais. Mas em 30 de março de 1994 ele fez o anúncio de que não participaria do pleito. Na verdade, Maluf, que adora uma disputa eleitoral, dessa vez agiu sem paixão. Recebera "recados" de que o grande empresariado nacional tinha preferência pelo nome de Fernando Henrique Cardoso, ex-chanceler e ministro da Fazenda do governo Itamar Franco.

Maluf sempre contou com o apoio do pequeno e médio empresariado paulista. Mas nunca foi a primeira opção para a presidência do chamado "grande capital", ou da elitista plutocracia de São Paulo. Talvez isso explique por que o malufismo é considerado, por muitos analistas políticos, um fenômeno restrito ao estado, que não encontra solo fértil para prosperar em outras regiões.

– Ninguém ganha uma campanha sozinho e sem respaldo financeiro. Os políticos sabem do que eu estou falando. As campanhas tornaram-se cada vez mais caras, a ponto de quebrar uma pessoa física. Eu vivi esse problema. Fiz empréstimos bancários que só pude honrar graças à ajuda de minha mãe, d. Maria, que pagou meus "papagaios".

Maluf esperou até o último momento ser aprovada, em Brasília, a possibilidade de reeleição de prefeitos, o que não ocorreu. Saiu então em busca de um nome para sucedê-lo. O primeiro convite foi ao empresário Antônio Ermírio de Moraes.

– Almoçamos juntos no Ca'D'Oro, na rua Augusta, em meados de 1995. Fomos caminhando e conversando até o escritório da Votorantim, na praça Ramos de Azevedo. Passamos pela Xavier de Toledo, pelo viaduto do Chá, e vimos que ele tinha popularidade e era reconhecido pelas pessoas. Depois de alguns dias, ele me escreveu uma carta dizendo que já havia vivenciado a experiência de uma eleição e que não gostaria de ser candidato de novo. O segundo convite foi dirigido a Olavo Setúbal.

– O encontro foi na minha casa, onde almoçamos junto com d. Daise e Sylvia. Saí de casa com ele, eu mesmo dirigia o meu carro, e fui mostrar uma série de obras. Eu disse: "Olavo, você foi um grande prefeito desta cidade. É um convite do coração. Você, inclusive, está em outro partido. Mas tenho a convicção de que você fará uma grande prefeitura". Olavo respondeu que, ao tentar se eleger governador, quiseram atingir o seu banco, o Itaú. Percebeu então que a atividade de banqueiro era muito sensível. E ainda me disse: "Você digere pedregulhos, tem estômago de avestruz. Eu não".

Maluf então chamou para uma conversa o cirurgião Adib Jatene. Tentou convencê-lo dizendo que ele poderia criar em São Paulo uma fórmula de gerenciar a saúde, principalmente para os pobres, que poderia servir de exemplo para o Brasil. Jatene respondeu que aceitaria trabalhar em cargos públicos. Afinal, fora secretário de Saúde de Maluf e ministro. Mas não disputaria uma eleição.

Numa última tentativa, Maluf foi ao gabinete do ex-ministro e deputado federal Delfim Netto. Maluf argumentou que Delfim poderia ter sido governador e até presidente da República. Agora vinha convidá-lo para ser candidato a prefeito.

Delfim declinou. Disse que não queria disputar um cargo numa campanha majoritária.

Partiu-se então para uma solução "doméstica". No secretariado do prefeito sobressaíam quatro nomes: Reynaldo de Barros, secretário de Obras; Celso Pitta, secretário de Finanças; Lair Kreinburg, secretário de Habitação; e Roberto Paulo Richter, secretário de Saúde. Com a equipe do publicitário Duda Mendonça, e presentes uns poucos malufistas de total confiança, foi alugado um estúdio e realizado um debate simulado entre os quatro secretários.

– Eles chegaram à conclusão de que o Pitta era o mais tranqüilo num debate. Mas qualquer um deles merecia minha confiança.

Apesar da discordância de vários assessores, Maluf sacramentou a indicação. Segundo ele, a escolha foi "profissional".

– Os quatro mereceriam a minha bênção, por assim dizer. Mas o marketing político dizia que o Pitta era aquele com melhores condições de ganhar a eleição. A escolha do Pitta foi muito boa no sentido de demonstrar que São Paulo não tem preconceito. Ele, infelizmente, não soube aproveitar a oportunidade histórica. Negro, carioca, sendo prefeito da terceira maior cidade do mundo, ele deixou escapar a chance de, quem sabe, ser um prefeito até melhor do que eu.

Perguntado onde Pitta falhou, Maluf responde:

– Primeiro, com toda a minha polêmica sinceridade, acho que foi ficar casado 25 anos com d. Nicéia. Acho que ela atrapalhou muito a vida pública dele. Mas no meu livro, creio que não devo perder mais do que estas duas linhas, que já gastei, com o assunto.

Respeitemos a vontade do nosso personagem.

Maluf, que tinha aprovação extraordinária da população, empenhou-se em transferir seus votos para Pitta. A estratégia de campanha foi definida por Duda Mendonça, e criou um mistério até hoje não resolvido na história do marketing político no Brasil: de quem foi a idéia de colocar Maluf pedindo votos para Celso Pitta, declarando que, se Pitta não fosse um bom prefeito, nunca mais votassem nele?

Duda, na intimidade, diz que a idéia da frase não foi dele. Mas também não afirma que foi do próprio Maluf. Pitta não definiu a eleição no primeiro turno. Mas conseguiu uma folgada vitória contra Erundina no segundo turno.

Maluf considera Duda Mendonça "um gênio". Diz que ele o ajudou muito nas eleições de 1990, 1992, 1996 e 1998. No ano 2000 foi Nelson Biondi quem cuidou da sua campanha. Considera-os muito competentes e profissionais. Sobre a mudança de Duda para a campanha do PT, lembra que ele foi escolhido contra a opinião de muitos petistas simplesmente porque havia trabalhado com Maluf.

– Acho que essa circunstância jamais deveria ter sido questionada. Ele é um profissional. E eu venho dizendo há muito tempo: o Muro de Berlim caiu em 1989. Hoje o que conta é competência. Quem ganha eleição não é só o marketing. Campanha tem de ter candidato. O que ganha eleição é o bem-estar do povo em relação às obras e realizações do governo. O povo quer dinheiro no bolso e comida no estômago. O resto é conversa fiada.

Sem saber o que o futuro da gestão Pitta lhe reservaria, Maluf comemorou por antecipação a vitória do seu candidato. Na véspera da eleição, abriu duas garrafas de vinho num brinde com os publicitários Duda Mendonça e Nelson Biondi, que trabalharam principalmente na mudança das feições do malufismo, procurando tirar delas a referência ao período dos governos militares.

Maluf e os demais se surpreenderam quando foi ao ar um direito de resposta de Pitta. Durante o intervalo do *Jornal Nacional*, o candidato ocupou a telinha por vários minutos, de forma exclusiva – o horário político já havia sido encerrado. A surpreendente aparição de Pitta no JN foi resultado de uma batalha particular de Maluf com a Justiça Eleitoral de São Paulo, que bloqueara a transmissão de vários programas do candidato no horário político. Eles saíram todos juntos no intervalo do noticiário, graças a uma decisão do Tribunal Superior Eleitoral.

Quando Pitta tomou posse, no dia 1º de janeiro de 1997, surgiram as primeiras nuvens anunciando tempestades pela frente. O novo prefeito assumiu já com a CPI dos Precatórios instalada no Senado. Ainda no final daquele mês, Maluf viu, mais uma vez, o seu sonho de disputar a Presidência da República ser postergado. No dia 28 de janeiro, a Câmara dos Deputados aprovava a emenda que permitia a reeleição do presidente da República por mais um mandato. Maluf preparou-se então para disputar o governo do Estado em 1998.

Apesar das crises que grassavam na prefeitura, afetando e desgastando sua imagem, ele conseguiu vencer o primeiro turno com 32,21% dos votos válidos, deixando Mário Covas em segundo lugar, com 22,95% e com uma margem mínima de diferença para o terceiro candidato, Marta Suplicy. Marta aderiu à campanha de Covas e Paulo Maluf acabou sendo derrotado. O melhor resultado de Covas foi exatamente na capital. Reflexo das crises da gestão Pitta. Após a derrota, Maluf e Pitta começaram a se afastar.

Mais do que tudo, no entanto, Maluf atribui sua derrota em 1998 ao chamado escândalo do "frangogate", intensamente explorado pela mídia. Maluf foi chamado a depor no processo no Ministério Público. D. Sylvia idem.

– Ela passou por essa humilhação – comenta Maluf.

O "frangogate", em resumo, consistia numa suposta improbidade administrativa em que a municipalidade teria comprado frangos para a merenda escolar de uma empresa de propriedade de familiares do prefeito.

Na realidade, d. Sylvia, junto com a filha Lygia, eram proprietárias de uma pequena granja. Quem detinha o contrato para a venda de frangos para a merenda escolar era a poderosa empresa Sadia. No entanto, essa empresa desinteressou-se da concessão por conta do baixo preço do produto, e o secretário de Abastecimento da prefeitura convocou então o segundo concorrente, uma firma ligada ao cunhado do prefeito, que concordou em vender os frangos pelos preços estabelecidos no edital.

– Aí o raciocínio *dirty mind*, a mente suja de alguns jornalistas, concluiu que os frangos de d. Sylvia estavam sendo negociados com a prefeitura. O processo foi aberto e o Ministério Público perdeu por falta de amparo legal na denúncia. Inclusive foi intimado a pagar as sucumbências, as despesas judiciais. Essa notícia que o Ministério Público teria que pagar a sucumbência não foi manchete. Saiu, se não estou enganado, numa página par da *Folha de S.Paulo*, abaixo da dobra.

A notícia de que o Ministério Público recorrera dessa decisão mereceria um espaço maior.

Na realidade, aquele eleitorado das classes A e B, que Maluf conseguira ao longo dos anos, começava a migrar para um novo posicionamento. Maluf sentiu que nas eleições de 2000 seria difícil ele se eleger prefeito de São Paulo. O PT ocupou um espaço que ele havia ocupado.

Mas seguindo sua lógica de que numa eleição só perde quem não disputa, ele partiu para o enfrentamento com Marta Suplicy. Acabou indo para o segundo turno, derrotando o vice-governador Geraldo Alckmin. Mas foi derrotado por Marta.

Contribuíram para essa derrota as denúncias que se avolumavam contra a administração municipal e que, inevitavelmente, tinham também como objetivo atingi-lo. Adilson Laranjeira, um respeitado jornalista que trabalhara anos para o Seu Frias como chefe da Agência Folha e diretor de redação da *Folha da*

Tarde, respondia a cada acusação nas seções de cartas dos jornais e revistas. Quando extrapolavam, Maluf recorria à Justiça.

Foi assim, por exemplo, com Sérgio Motta, o influente ministro das Comunicações de Fernando Henrique Cardoso, referência obrigatória quando se fala no "tucanato". Maluf contratou o ex-ministro Saulo Ramos para processar Sergio Motta. Processaria também a sra. Pitta. A notícia desses processos, em geral, saía no pé de página dos jornais. Exatamente dentro da lógica da mídia.

Porém quando se levantou contra Maluf o caso da paternidade questionada, o "escândalo" ganhou espaço até nos programas vespertinos da TV, além de entrevistas com familiares da moça. A revista *Veja*, sempre atenta, deu seis páginas com uma "exclusiva" da jovem.[1]

Maluf, depois de comprovada sua inocência, enviou duas cartas à revista, uma delas à redação, outra pessoal ao dono da Abril, Roberto Civita. Na carta para Civita, que foi entregue em mãos pelo assessor, jornalista Hélio Mauro, pedia que o destinatário lhe telefonasse assim que recebesse a correspondência. Roberto Civita ligou imediatamente. Ouviu com atenção as explicações de Maluf, mas replicou com certa dose de humor: "Meu querido, Paulo Maluf ter um filho fora do casamento é notícia. Paulo Maluf não ter um filho fora do casamento não é notícia". *Veja* deu a antinotícia em apenas sete linhas.

Paulo Maluf seria derrotado em 2002 para governador do estado, quando foi eleito Geraldo Alckmin, e em 2004, quando José Serra foi eleito prefeito pela crescente polarização do cenário político nacional entre tucanos e petistas. E claro, em função também do bombardeio incessante da imprensa, com sucessivas denúncias de todo tipo que iam se adensando e afastando possíveis parceiros políticos.

1. Fábio Schivartche e Iracy Paulina, "A filha é do Dr. Paulo", São Paulo, *Veja*, 31-3-1999.

Maluf carrega desde o início da sua vida pública uma característica. Tudo que se levanta contra ele, independentemente da veracidade, cola. Nesse aspecto, ele se diferencia dos políticos "teflon", aqueles em que nenhuma denúncia, por mais grave que seja, gruda.

– A mídia acredita que o que vende jornal e dá audiência na TV e no rádio é escândalo. A palavra mágica é investigação. Mas já confundida com condenação. Paguei um preço caro pela escolha que fiz no dia em que o filho do Salim Maluf e o neto do Miguel Estéfano optou por fazer política. Eu gosto de falar das minhas obras, das escolas, hospitais, auto-estradas, planos de saneamento básico, casas, pontes, viadutos e usinas hidrelétricas que construí. Não pauto minha vida pela gratidão de outros políticos que ajudei a eleger. Um amigo, diretor do *Diário do Comércio*, jornal da Associação Comercial, Wilfrides Alves de Lima, me dizia: "Na política, gratidão é a esperança dos favores futuros". Se alguém foi grato ou ingrato, não tem a menor importância. O que tem importância é a obra que ficou.

CAPÍTULO XVII

NO FUNDO, DESEJAVAM ME HUMILHAR

No dia 7 de setembro de 2005, uma quarta-feira, d. Sylvia decidiu convidar amigos para passarem o feriado na casa que a família Maluf tem há anos em Campos do Jordão. Maluf freqüenta Campos desde os 14 anos de idade e tem verdadeira paixão pela região. Ali, nas montanhas da Serra da Mantiqueira, não existe poluição, e as paisagens são magníficas.

Na segunda-feira, dia 5, um trecho de uma conversa de Maluf com o filho Flávio, que havia sido gravada com autorização judicial, foi mostrada no *Jornal Nacional*, da Rede Globo. O pano de fundo da notícia era uma denúncia contra o ex-governador e ex-prefeito por negócios envolvendo um doleiro e uma suposta movimentação de recursos no exterior.

– É bom que se diga que a gravação foi autorizada judicialmente. A divulgação não. A divulgação é crime. Mas sentindo que já estavam preparando a opinião pública, consultei meus advogados, Ricardo Tosto de Oliveira e José Roberto Leal. Afinal, trinta dias antes, em agosto, havíamos feito uma petição na 2ª Vara da Justiça Federal denunciando o então doleiro "Birigui" e seu advogado, que estavam praticando uma extorsão. Não vou dar a soma porque está em segredo de justiça. Pediam um valor absurdo em dólares para desistir da delação premiada.

"Birigui" disse que o dinheiro que movimentava era dos Maluf. Na terça-feira, dia 6, publicamos matéria paga nos mais importantes jornais dizendo que a delação premiada estava se tornando "extorsão premiada". Ou seja, a pessoa tentava extorquir alguém e, se não conseguia, fazia uma delação para livrá-la da pena. Percebi que havia uma manobra. Mantive contato diário com meu assessor de imprensa, Adilson Laranjeira, e com meus advogados. Aliás, meses antes, diante da boataria que circulava, decidi espontaneamente entregar meu passaporte para a juíza da 2ª Vara Federal, Sylvia Maria Rocha. Era a demonstração de que não tinha o menor interesse em fugir, deixar o país, ou deixar de dar à Justiça os esclarecimentos necessários.

Logo Maluf passou a ter certeza de que estava em curso alguma operação para enredá-lo. Entre os dias 7 e 9 de setembro notou que, dia após dia, aumentava na sua porta o número de repórteres, *links* de TV e rádios. Ou seja, praticamente toda a imprensa nacional tinha representante plantado diante da casa de Campos do Jordão.

– Esses repórteres tinham uma informação privilegiada, que eu não tinha. Mas cada vez mais corriam rumores de uma possível prisão minha. Mobilizei meus advogados, assessores, amigos e decidi que eu não voltaria a São Paulo num camburão e muito menos algemado. Mais do que minha prisão, desejavam minha humilhação. Com um segurança e um motorista vim para São Paulo no dia 9 num Santana cinza-claro. Apresentei-me, em companhia de meus advogados, na sede da Polícia Federal às 11 horas da noite. O delegado que me recebeu disse que não tinha nenhuma ordem de prisão contra mim. Eu respondi: "Se vai ter ou não vai ter, não sei. Eu vou ficar aqui esperando".

Maluf narra assim, de forma enxuta, procurando ser apenas objetivo, acontecimentos que transformaram aqueles primeiros dias de setembro de 2005 em longas horas de angústia e tensão – e ao mesmo tempo de amargura – para alguém que havia sido duas vezes prefeito de São Paulo, governador do Estado e que chegara a um passo apenas da presidência da República.

Turbinada pelo *Jornal Nacional*, a informação quase telegráfica da Rede Globo transformou-se rapidamente em manchete dos jornais. A imprensa alardeava que as conversas grampeadas entre Maluf e Flávio eram no sentido de intimidar o doleiro Vivaldo Alves, o tal Birigui, favorecido pela instituição da delação premiada.

Como vimos, esse tipo de instituto tem sido muito usado pela Justiça brasileira. Trata-se de uma cópia, ou melhor, de uma adaptação mal executada, da delação premiada existente, por exemplo, nos Estados Unidos, onde funcionou, entre outras ações, para debelar redutos mafiosos. Só que nos EUA o delator premiado quase sempre tem de mudar de cidade, trocar de nome e passa a receber, então, proteção da própria polícia.

Uma definição primorosa da delação premiada foi dada recentemente pelo ex-deputado Roberto Jefferson, incluído no processo do "mensalão". Indagado se confirmava seus depoimentos anteriores na CPMI (Comissão Parlamentar Mista de Inquérito) dos Correios e na investigação que se seguiu, Jefferson disse que confirmava tudo o que dissera. E quando lhe ofereceram a delação premiada caso tivesse algo a acrescentar, o ex-parlamentar fulminou: "Delação premiada é coisa de vagabundo".

Ricardo Tosto foi um dos primeiros a sentir que uma armadilha estava sendo preparada para pegar seu cliente e exibi-lo ao mundo, algemado, dentro de um camburão policial. Apurou seus "radares informais" na mídia. Ligou para Maluf em Campos do Jordão e concordaram que seria melhor ele sair da cidade, se possível, sem ser percebido. Combinaram então que ele seguiria direto para a casa de Tosto, num condomínio fechado, para tomarem as últimas providências antes da apresentação na sede da Polícia Federal.

Chegando à casa de Tosto, Maluf encontrou seu outro advogado, o criminalista José Roberto Leal, e dois assistentes. Eles tinham que tomar decisões difíceis. A mais complicada delas, por incrível que pareça, não era a prisão em si.

Maluf não admitia, nem remotamente, a hipótese de ser televisionado e fotografado com as mãos algemadas e muito menos dentro de um camburão. E todos ali sabiam que era exatamente esse o objetivo da imprensa e de quem articulara a manobra: execrá-lo publicamente. Maluf aparentava tranqüilidade. Quem o conhece bem diz que, nas horas mais difíceis, ele apresenta um controle incomum.

Os advogados já haviam testemunhado uma cena que chegou a fazê-los temer por um desenlace trágico. Acompanhavam seu cliente para um depoimento no Ministério Público, convocado pelo promotor Silvio Marques. Terminado o depoimento, quando estavam saindo pelo saguão do prédio, foram abordados por policiais federais. Eles alegavam que Maluf precisava comparecer à sede da PF para depor sobre um inquérito. O próprio Maluf diz que os agentes que foram atrás dele no Ministério Público foram vítimas de uma armação. Os advogados ligaram para a PF para ver de que assunto se tratava. O delegado de plantão não soube informar. Disse que havia recebido ordens de conduzir Maluf para lá. Tosto quis saber quem dera a ordem. O delegado respondeu que isso ele não poderia dizer.

Na verdade, tratava-se de um inquérito envolvendo uma locadora de veículos que cedera automóveis para vários candidatos em uma eleição ocorrida cinco ou seis anos antes, mas que estava prescrito. Envolveria uma série de políticos de São Paulo. Maluf disse ao agente que comandava a missão: "Eu vou de livre e espontânea vontade. Vou agora. Mas se quiserem me levar no camburão, só vão me levar morto. Eu só entro nesse carro morto".

Após uma negociação demorada, Maluf seguiu no seu carro acompanhado por um policial. Percebeu-se que Maluf não estava brincando. Assim como não estava brincando quando, na sala de visitas de Tosto, repetiu a ameaça.

– Eles querem circo. Eu não me presto a circo. Mas volto a dizer: não admito ser algemado.

Em seguida, apanhou a carteira, sua agenda e tirou o relógio de pulso de estimação e entregou tudo aos advogados, junto com a chave do carro. Perguntou se alguém não tinha um relógio velho para lhe emprestar. Os advogados e seus auxiliares que presenciaram a cena dizem que Maluf já não disfarçava a emoção, que comovia a todos os presentes.

Partiram em direção à sede da Polícia Federal. Aí, outra surpresa. Um dos advogados assistentes, que fora na frente, avisou por celular que havia uma intensa movimentação de repórteres na porta do prédio, inclusive um *link* de TV. Pronto para mostrar Maluf sendo algemado no *Jornal da Globo*, o último noticiário do dia da emissora.

Assim, ficaram rodando pelos arredores do prédio da PF, chegaram a parar num posto de gasolina, até que um dos carros precursores da "missão" desse o aviso: "Venham rápido que eles abriram o portão". Dois carros, um deles com Maluf, entraram em seguida. Surpreendidos, os fotógrafos correram para a porta. Mas só tiveram tempo de registrar alguns flagrantes de Maluf dentro do carro ou, com auxílio de teleobjetivas, caminhando no pátio da PF.

Maluf, ainda com sinais de abatimento, foi recebido respeitosamente pelo delegado de plantão. Ficou conversando com seus advogados e soube que a operação deflagrada para prendê-lo em Campos do Jordão mobilizara cerca de 60 homens prontos para invadir sua casa. Passava da meia-noite quando chegou a ordem de prisão. Logo depois, chega o delegado da PF Protógenes Queiroz.

– Eu disse ao delegado que meu filho Flávio estava na fazenda no município de Dourado, próximo a São Carlos, e que já havíamos acertado que ele se apresentaria às 7 da manhã. Então, ao meu lado, ele usou um rádio para comunicar que a operação contra Flávio podia ser desmobilizada.

Flávio, no entanto, seria surpreendido às 6 da manhã com a presença de agentes federais na sua fazenda para levá-lo a São Paulo. Flávio teve a idéia de oferecer carona aos policiais no seu próprio helicóptero. Apenas queria antes passar pela fazenda do advogado José Roberto Batocchio, que ficava ali perto.

Tudo transcorria na mais completa serenidade. Batocchio foi apanhado e Flávio sugeriu pousar o helicóptero na própria sede da PF em São Paulo. Os agentes argumentaram que por razões de segurança isso não seria possível, e que estavam sendo aguardados no heliporto do Centro Empresarial, no Morumbi.

Na hora do pouso, Flávio notou a presença de um rapaz trajando uniforme parecido com o da PF, que trazia uma câmera portátil. Era o repórter César Tralli, da Rede Globo, que se gabou depois, em entrevista à revista *Imprensa*, que o trabalho do jornalista "depende das fontes que ele venha a ter". Logo que desembarcou, Flávio foi rapidamente algemado. Teve tempo de chamar a atenção de um dos agentes: "Olha a filmagem aí atrás". Maluf, quando recorda o episódio, se irrita profundamente.

– A prisão do meu filho foi um "espetáculo Global". Não queriam cumprir uma ordem judicial, ainda que absurda. Queriam circo. A Rede Globo ainda teve um fiapo de dignidade e permitiu que fosse ao ar uma frase de meu filho, ainda assim de sentido dúbio: "Mas isso não estava combinado".

A reportagem gerou um mal-estar na Polícia Federal, que abriu uma sindicância interna. A promotora Marucia Barros Ramos, por sua vez, pediu abertura de inquérito no 7º Distrito Policial da Lapa, a partir de uma representação do Ministério Público Federal, para apurar a conduta do repórter. A TV Globo apenas divulgou um comunicado à imprensa alegando que a cena gravada era prova da competência do seu repórter. Maluf ficou com a matéria entalada na garganta. Em 14 de setembro foi ao ar, pela Rede Bandeirantes, a primeira exclusiva de Maluf depois da sua prisão, dada ao repórter Sandro Barboza.

oooo

Para um homem de mais de 70 anos, acostumado ao conforto de um casarão no Jardim América, não deve ter sido fácil passar 40 dias detido numa cela de 12 m^2, com dois beliches e uma mesinha de alvenaria. A cela onde Maluf ficou conta com uma latrina tipo cloaca e um cano de água fria. Banho quente, só o coletivo, no final do corredor.

Ainda assim ele suportou com tranqüilidade os longos 40 dias. Claro que teve dissabores com a mídia. Um dia, reclamou da qualidade da quentinha e as manchetes dos jornais populares alardearam que Maluf dizia que nem cachorro comeria aquilo. Na verdade, ele disse que o arroz vinha um pouquinho cru, e que a diferença entre um arroz cru e um bem-feitinho, soltinho, molinho está apenas na questão da boa vontade de quem faz. E nem sempre havia essa boa vontade. Noutra ocasião, publicaram uma foto dele e Flávio tomando champanhe na cela. Na verdade, era uma garrafinha de água mineral.

Deixou crescer a barba, solicitou três vezes saída para exames médicos, e numa das concedidas foi ao Incor fazer um cateterismo porque sentia fortes dores no peito. No mais, foi sempre tratado com respeito pelos funcionários e diz que se apoiou muito com a presença do filho. Deixou a prisão no dia 20 de outubro de 2005, uma quinta-feira. Dez dias depois era outra vez "premiado" com uma foto na primeira página dos jornais – acompanhada, como sempre, de um comentário irônico –, comendo pastel num quiosque de Campos do Jordão.

Um ano depois, Paulo Maluf demonstraria que não estava acabado para a política. Era eleito o deputado federal mais votado do país, com 739 827 votos. Com um detalhe: recebeu votos em todas as 77 mil urnas do Estado de São Paulo.

EPÍLOGO

O publicitário Duda Mendonça costumava contar uma historinha sempre que reunia a equipe convocada para trabalhar em campanhas de Paulo Maluf. A historinha é a seguinte:

> Um cidadão passava numa rua quando ouviu gritos de "incêndio! incêndio!". Aflito, correu e viu um edifício de três andares pegando fogo. Pessoas já se agrupavam no local. Bombeiros foram acionados, mas demoravam a chegar. Nisso, numa janela do terceiro andar, aparece uma criança pedindo socorro. O calor era intenso e a tensão também. O homem olha para os lados, nota a pequena multidão imobilizada pelo medo e toma uma decisão. Vai até o prédio em chamas, arromba a porta, começa a subir as escadas já tomadas pela fumaça e desaparece no meio do fogaréu. Passam-se minutos de aflição que parecem horas. De repente, surge de volta o homem, carregando a criança embrulhada num cobertor. Alívio geral. Palmas. Entusiasmo. No dia seguinte, ao abrir o jornal, o homem lê a seguinte manchete: "Maluf usa criança como escudo para não se queimar".

Na sua carreira política, Maluf quase sempre foi tratado dessa maneira. Com honrosas exceções. Dissemos, na apresentação deste livro, que a mídia estava um pouco mais tolerante com ele.

Certo exagero de nossa parte. Maluf, por exemplo, foi alvo de uma nota curta, distribuída por uma agência de notícias para inúmeras publicações do país. A notícia nem era sobre ele. Tratava-se do registro da posse do novo ministro Edison Lobão, de Minas e Energia, em março de 2008.

A nota afirmava que Lobão, de energia e eletricidade, só conhecia o interruptor da sala. Mas, com evidente má vontade, acrescentava: "Ele pode não entender de energia elétrica. Mas inocente ele não é". E fechava com a seguinte observação: "Tanto que um dos primeiros a chegar para a sua posse foi o deputado federal Paulo Maluf".

Se quisesse, de fato, explicar por que Maluf estava na posse do ministro Lobão, o jornalista deveria registrar que ele estava ali por uma razão muito simples, mas reveladora também do seu caráter. No longínquo ano de 1985, no colégio eleitoral, Lobão votou nele para presidente da República. Maluf não esqueceria isso jamais. Edison Lobão obedeceu à fidelidade partidária. Maluf não costuma abandonar as pessoas que foram corretas com ele, em nenhuma circunstância.

A mesma linha de raciocínio de crítica sem qualquer justificativa pode ser encontrada numa longa matéria da revista *Carta Capital* sobre a crise vivida pelo Masp, Museu de Arte de São Paulo. Depois de traçar inúmeras hipóteses sobre as dificuldades financeiras do museu, a revista se fixa no seu diretor Julio Neves, e nas últimas cinco linhas encerra a reportagem com um brilhante raciocínio. O de que não se poderia esperar outra coisa de quem foi amigo de Paulo Maluf.

Essa é a contrapartida que seus adversários costumam usar. Foi amigo de Maluf? Não serve, está condenado. E ponto.

Maluf viveria, então, confinado a um grupo reduzido de pessoas? Nada disso. Ao contrário até. Algumas cenas de prestígio pessoal – e de amizade sincera ou ocasional – já foram registradas neste livro. Um exemplo recente. Na segunda semana de abril, Maluf convidou alguns deputados federais mais chegados para uma feijoada informal na sua casa em Brasília. Compareceram mais de 80 parlamentares.

Maluf tem uma frase que repete sempre:

– No Brasil, quem é investigado é considerado culpado. E a palavra processado é confundida com condenado.

Durante seus 40 anos de vida pública, ele diz que foi processado centenas de vezes, muitas das quais em processos injustos, sem base jurídica. De fato, durante suas administrações, poucas ações ocorreram sem que o prefeito ou governador fosse "trazido à lide", para usarmos um jargão jurídico. Com ou sem motivo para isso. A realidade é que, apesar das centenas de processos contra ele, Maluf nunca teve uma condenação penal.

– Eu já fui processado até por plantar eucalipto.

Houve um momento em que o seu amigo e consogro Edevaldo Alves da Silva foi obrigado a chamá-lo para uma conversa séria. Edevaldo, que era o patrono de várias dessas causas, mostrou a Maluf a relação de processos contra ele que corriam no seu escritório. Eram 147 ações judiciais só na esfera cível. Edevaldo teve de montar um escritório paralelo só para atendê-lo.

Maluf tem recebido menos ataques do que antigamente. Ou melhor, vinha recebendo menos até o momento em que revelou que poderia sair outra vez candidato à Prefeitura de São Paulo. Bastou a informação ser publicada, discretamente por sinal, para a orquestra sinfônica antimalufista – e essa orquestra tem centenas de instrumentistas espalhados por todo o país – começar a afinar seus instrumentos, em especial os cortantes.

Maluf voltou a ocupar espaço nos jornais em notas com destaque, sobre, por exemplo, a ação executiva movida contra ele pelo episódio Paulipetro.

Quando Maluf confirmar sua candidatura, a sinfonia das denúncias subirá vários tons – saindo do moderado para o retumbante. Algumas dessas denúncias Maluf já respondeu há tempos, mas terá fatalmente que fazê-lo outra vez.

Um dos temas que serão obviamente "requentados" com destaque na mídia será o da existência de depósitos no exterior. Esse tema já rendeu até um livro. Com fotos de Maluf na capa e na contracapa. Trata-se, no entanto, de um alongado relato crítico, inspirado nas idéias do sociólogo suíço Jean Ziegler, ao sistema financeiro e bancário do governo daquele país. De Maluf fala muito pouco.

Em agosto de 2001 veio da Suíça um pedido de informação sobre quem era Paulo Maluf.

– Isso é uma coisa absolutamente normal. Não sei se em razão de exportações da minha empresa, eles pediram informações sobre cadastro, que é uma coisa confidencial. Mas logo isso foi parar nos jornais e na TV. Aí ocorreu um pedido de cooperação por parte do Brasil, porque tentaram relacionar certas empresas comigo. Achei que aquilo era um abuso e me defendi, sim. Contratei um advogado na Suíça. A cooperação foi feita e os documentos foram enviados para o Brasil. O sistema de cooperação internacional é baseado nas constituições dos países envolvidos. Tentaram usar aqueles documentos como se fossem contra mim, para me processar aqui. Processos que não tinham nenhum fundamento porque na Suíça o teor daqueles documentos não é considerado crime. O assunto foi tão explorado até chegar ao ponto em que o procurador-geral da República Suíça fez uma petição contra as autoridades brasileiras informando que os documentos enviados estavam sendo utilizados de maneira ilegal. E mandou recolher toda a documentação do processo, que foi trancado pela Justiça Federal por solicitação do governo suíço.

oooo

Recentemente Maluf esteve num programa da Rádio Record, em São Paulo, apresentado por Cacá Siqueira. Ouviu pela centésima enésima vez a pergunta sobre as denúncias de que suas obras foram superfaturadas. Respondeu afirmando que existem duas classes de políticos. A primeira é dos políticos que fazem. A outra, a dos que só criticam o que os outros fazem.

– Eu tenho muito orgulho de pertencer à primeira classe. Como empresário, engenheiro, tenho até obrigação profissional de estabelecer bem a relação custo/benefício, empregando o orçamento de um cargo público da melhor maneira para atingir o bem-estar da população. Aí vêm alguns políticos da segunda classe e dizem: "O Maluf fez, mas foi superfaturado". Isso é uma grossa mentira. Tanto é que minhas obras estão aí. Só na prefeitura eu fiz oito túneis dos dez que existem na cidade. Estão aí as grandes avenidas, 85 escolas, 20 mil apartamentos no Projeto Cingapura, o Leve Leite, o PAS, a Jacu-Pêssego, que é a maior avenida da América Latina, a Faria Lima, a Roberto Marinho, 200 creches, tudo isso eu fiz dentro do orçamento. Muito bem. Alguns que me antecederam, e outros que sucederam, dizem: "Nós não superfaturamos". Eu não agrido ninguém, nem falo mal de ninguém. Mas pergunto: Por que eles, com o mesmo orçamento que eu tinha, quase nada fizeram? Onde é que ficou o dinheiro? Onde é que estão as obras? Se não construíram obras, o que é que eles fizeram com o orçamento, o que fizeram com o dinheiro público?

A reação do público foi imediata. Houve inúmeros telefonemas para a rádio. Em sua grande maioria, as pessoas davam razão ao argumento do entrevistado. Diziam: com o mesmo orçamento ele fez tudo isso e os outros, com o mesmo orçamento, só o agrediram. Alguns ouvintes perguntaram: "O que foi feito com o orçamento?". Outros ainda lembravam que o orçamento municipal multiplicou-se várias vezes nos últimos anos. E perguntavam: "Onde estão as obras?".

Enfim, qualquer assunto envolvendo o nome Maluf causa *frisson*. Maluf concorda que vários desses temas vão e voltam a cada campanha eleitoral. Curiosamente, as campanhas tentando enredar Maluf com desvio de dinheiro público foram se tornando cada vez mais vigorosas (leia-se escandalosas) a partir de dezembro de 1996. Naquele ano, além de eleger Celso Pitta seu sucessor em São Paulo, Maluf passaria a ser considerado sério candidato a conquistar a cadeira então ocupada por Fernando Henrique Cardoso. Seu partido, na época chamado PPB, era o maior do Estado, com 18%, batendo inclusive o PMDB, com 16,8%. Conquistara mais de 7 milhões de novos eleitores e, além de Pitta, fez 626 novos prefeitos em todo o Brasil. Alguns políticos de peso cogitavam o nome de Maluf para derrotar o neoliberalismo introduzido por Fernando Henrique Cardoso. Essas conjecturas seriam derrubadas com a aprovação da emenda que permitiria a reeleição, hoje condenada pela maioria da classe política e também pela mídia.

Maluf costuma citar outro provérbio de origem árabe, celebrizado no Brasil pelo colunista Ibrahim Sued. O *slogan* da coluna de Ibrahim era "os cães ladram e a caravana passa". Em vários momentos da sua vida pública de 40 anos, Paulo Maluf viveu na carne esse outro provérbio. E está em condições de na situação de deputado federal mais votado no país brincar com duas jovens jornalistas que tentavam entrevistá-lo nos corredores da Câmara dos Deputados.

– É claro que eu sou favorável à liberdade de imprensa Eu sou fruto da liberdade de imprensa. A imprensa só meteu o pau em mim.

Paulo Maluf já foi considerado uma das "caras da São Paulo", num concurso patrocinado pela *Folha de S.Paulo*, disputando com Silvio Santos, Hebe Camargo e, pasmem, Rita Lee. Além disso, o Datafolha avaliou Maluf, já após a gestão de Marta Suplicy, como o melhor prefeito da cidade nos últimos 15 anos.

ANEXO I: DISCURSO DO DIA 15 DE JANEIRO DE 1985

Estamos abrindo uma nova página da História. Encerra-se o mais longo período revolucionário jamais vivido pelo Brasil. E começamos a reconquista da tradição política e democrática brasileira.

Sinto-me feliz por estar aqui na condição de deputado federal e de candidato do meu partido à presidência da República. Feliz também porque minha candidatura garantiu o processo político. Civil. Livre. Democrático. A convenção que me escolheu foi a afirmação de independência do partido. E de sua disposição de enfrentar o continuísmo. Resistir à força. Desafiar o poder.

Rendo, portanto, sincera homenagem aos companheiros valorosos e aguerridos que jamais vacilaram nessa luta. Jamais mostraram tibieza ou reserva mental. Homenageio, também, os milhões que ouviram a mensagem da esperança, reconheceram a minha sinceridade e me animaram a prosseguir.

Fortalecido pelo exemplo e pela bravura desses companheiros, jamais deixei esmorecer minha fé no regime democrático. Sempre afirmei meu propósito de concorrer à eleição presidencial, sob qualquer sistema que o Congresso Nacional viesse a adotar na soberania do seu poder constituinte.

Por isso, posso dizer para a História: estamos reunidos

para eleger o presidente da República, dentre os indicados pelos partidos, porque, na verdade, a minha candidatura criou o fato concreto de restituir o processo político aos políticos.

E – por que não dizer? – a firmeza da minha decisão tornou possível e sustentou a candidatura do meu ilustre oponente.

Por isso, também, sinto-me feliz por ter ficado surdo ao canto das sereias e ter resistido a todos que tentaram me desviar do caminho que conduziu a este dia. Que possibilitou a vitória da democracia na eleição livre de hoje.

Senhor presidente, senhores deputados federais, senhores senadores, senhores representantes das Assembléias Legislativas:

Ao encaminhar a votação, reafirmo meu compromisso com a renovação do Brasil.

Não estamos aqui, desta vez, para cumprir uma simples formalidade. Não estamos aqui para homologar a decisão tomada fora do âmbito político, à revelia dos partidos, sem a participação da sociedade.

Estamos, sim, para começar a reconstituir as instituições políticas, jurídicas e constitucionais brasileiras. O programa que ofereci à Nação visa muito mais que eleger um candidato. Nos caminhos da nossa pátria, procurei sempre sustentar a esperança dos brasileiros. Principalmente dos mais pobres – das pessoas e regiões alijadas do processo econômico e do poder político.

Identifiquei-me com as aspirações dos moços, que são a maioria deste país jovem. Irmanei-me com os sonhos das classes emergentes, para lançar as bases da sociedade moderna e justa que desejamos, na qual a dedicação e a competência substituirão o privilégio, o compadrio, o tráfico de influência. Renovo o testemunho, registrado mil vezes pelos meios de comunicação aqui presentes, do desejo de promover a feitura da nova Constituição, que nos livrará para sempre dos instrumentos e seqüelas do autoritarismo.

É preciso conter o Estado dentro das suas funções legítimas. Dinheiro público, empregado fora dos seus fins, é dinheiro subtraído aos programas sociais.

É preciso governar dando exemplo de austeridade. E, não menos importante, capacitar o governo a cuidar das tarefas primordiais do Estado. Educação, saúde pública, medicina preventiva, emprego, habitação, assistência médico-social, bem-estar e segurança das famílias. Usar a justiça fiscal para acabar com a injusta e excessiva concentração de renda. Tributar os ganhos de capital e as rendas dos ricos. E deixar de cobrar imposto sobre o salário do trabalhador, e os gastos essenciais do pequeno consumidor e da classe média.

Pois a remuneração do trabalho é a contrapartida do sistema produtivo àqueles que criam riqueza. Enquanto os salários forem comprimidos, estaremos sendo cruéis, injustos e iníquos.

Arrocho salarial é tirar o pouco de quem muito necessita, para engrossar o muito dos que tudo possuem.

Salário mínimo tem de ser suficiente para o trabalhador manter honradamente sua família. Portanto, responda-me honestamente quem tiver coragem. Qual o trabalhador, qual a família capaz de viver dignamente – ou apenas sobreviver sem medo da fome – com esse arremedo de salário mínimo que anda por aí?

Aliás, em qualquer nível de salário, o trabalhador é a maior vítima das três irmãs malditas que o perseguem: a inflação, a carestia, a exploração.

Um ponto de comércio é o lugar de encontro entre a produção e o consumo. Não uma licença para explorar o povo.

Da mesma forma, o comércio da moeda existe para servir. Bancos não são concessões para a prática da usura. A permissão do governo, para receber a poupança do público, não autoriza que o sistema financeiro seja o maior beneficiário do trabalho de todos nós.

Em plano mais amplo, temos que reconhecer que o governo falhou lamentavelmente em sua luta contra a inflação.

Qualquer governo falhará, para desgraça nossa, enquanto não adotar a austeridade e a verdade nos orçamentos públicos. E continuará a falhar se não atacar de rijo, para resolver, a questão do lucro dos traficantes de dinheiro.

Senhor presidente.

A classe política reassumiu com firmeza seu papel de direito neste momento histórico de transição. Por isso, meus companheiros e eu já nos sentimos vitoriosos.

Vitoriosos porque eliminamos as imposições do arbítrio e da prepotência para redemocratizar o Brasil.

Vitoriosos porque não conspirei. Não permiti conchavos nem outros expedientes para conquistar a presidência da República.

Vitoriosos porque, sempre dedicado ao fortalecimento das instituições e da classe política, postulei minha candidatura dentro do quadro partidário.

Pois acredito que a ação política deve repousar nas atividades francas, nítidas e leais. Sem o que nenhuma doutrina formará um partido de verdade. E sem partidos políticos, coesos em suas convicções, não haverá democracia.

Vitoriosos porque demos aos nossos filhos e a todos os nossos concidadãos um exemplo de destemor, coerência, coragem e fidelidade.

Vitoriosos, por fim, porque soubemos colocar o amor à Pátria e o ideal de governá-la na democracia, acima de todos os interesses, causas, desejos e aspirações menores.

Pátria não é apenas um conceito abstrato ou somente o lugar onde nascemos. Mas o berço, o lar, a casa aconchegante, o templo, a tradição, as aspirações. A solidariedade. A esperança de todos que fazem a convivência humana e ensejam a felicidade de cada povo.

A idéia de nacionalidade resulta da presença, em cada um de nós, do sentimento arraigado de Pátria. Fecundado pelo amor aos nossos irmãos, escudado no direito de cada um ao trabalho justamente remunerado e às riquezas produzidas por todos.

Essa, a essência do nacionalismo. Os que têm a vocação do verdadeiro nacionalismo não se deixam limitar ou amarrar pelas cadeias da ideologia estreita e dogmática. Nacionalismo sadio e verdadeiro deseja o progresso. Exige o desenvolvimento. Não se compadece com o imobilismo. Rejeita a injustiça institucionalizada.

Vitorioso é também o Congresso Nacional, por ter sabido decidir com coragem, resistir com bravura e assumir sua autoridade como poder da República. Por ter sabido conduzir com prudente sabedoria o processo político até este momento histórico.

Daqui para a frente, o caminho está aberto para procurarmos o que ainda nos falta.

Restabelecer as prerrogativas do Congresso Nacional. Entre as quais a maior, a fundamental, é a restituição do seu poder exclusivo de fazer leis, criar tributos, direitos e obrigações. E, sobretudo, restaurar sua competência para discutir, emendar, votar e aprovar todos os orçamentos públicos.

E assegurar o equilíbrio da Federação com a reforma tributária, que fará Estados e municípios mais fortes. Uma Nação baseada na justiça social e na dignidade do homem. O Brasil que os bons brasileiros realmente desejam. Pois cada palmo de nosso solo é um fragmento vivo do nosso coração.

Com razão, a consciência nacional se revolta com a permanência do flagelo da fome, da miséria e de sua dor. E se aflige diante da calamidade das enchentes que abatem sobre imensas partes do nosso território.

Nosso país só será democrático à medida que – além dos atributos formais da democracia – incorporarmos à nossa alma e à nossa vivência o sentimento da unidade da Pátria.

O mandado do povo aos aspirantes do poder, no dia de hoje, é principalmente para redimir nossas regiões deprimidas e abandonadas. Resgatar nossa dívida com os brasileiros esquecidos, deixados à margem do progresso. A começar pelos problemas mais antigos e pungentes: os do Nordeste.

Senhor presidente.

Criado no trabalho e moldado no otimismo, acredito que, ainda em vida desta geração, o Brasil estará entre as cinco maiores potências do mundo. Potência econômica, política, científica e social de primeira grandeza a espalhar por toda a terra exemplos de trabalho e de justiça.

Creio no Brasil povo. Na sua imaginação e na sua extraordinária facilidade de adaptar-se a todas as situações novas e delas sair-se sobranceiramente. Nos traços marcantes do seu caráter: afabilidade, espírito de fraternidade e tolerância que vem a fusão feliz de tantas raças.

Creio no Brasil dos recursos naturais. Solo, subsolo, água, sol, à espera apenas da técnica e do trabalho do homem para se transformar em riquezas.

Creio também no nosso sentimento de justiça, para que o fruto do trabalho de todos se distribua mais igualmente entre todos.

Creio no Brasil como formidável poderio agrícola, que planta e colhe nas regiões tradicionais. Creio nas novas fronteiras, que em breve produzirão alimentos para incontáveis milhões de nossos irmãos, dentro e fora do nosso território.

Creio no Brasil jovem. Povoado pelos jovens de idade e de idéias impulsionados pelas luzes da esperança.

Creio na mulher brasileira. Mulher-mãe, mulher-companheira, mulher-trabalhadora, mulher-mestra, mulher-dedicação, cimento da família, base da estabilidade social.

Creio no Brasil que trabalha no campo, nas fábricas, nas oficinas, nos escritórios, nas repartições.

Creio no trabalho criativo e intelectual. Creio no Brasil-trabalhador, cujos sacrifícios e dificuldades suportam um peso desproporcional dos custos sociais do progresso.

Creio no Brasil das universidades: fontes de ciência, centros de excelência para gerar a tecnologia brasileira que nos libertará do atraso e do subdesenvolvimento.

Creio na liberdade de iniciativa como o melhor caminho para o pleno emprego, para o progresso, para o presente e o futuro.

Creio nos empresários brasileiros.

Creio na classe política. Creio na sua contribuição decisiva para podermos realizar a sociedade pluralista, a democracia representativa, num Estado justo e democrático.

E, porque assim penso e tenho fé, creio no Brasil.

A opção que ofereço é a estrada nova, o caminho largo, a ponte entre o sonho e a realidade.

Tenho confiança nos brasileiros de resolver por iniciativa própria, pelo esforço e pelo mérito, todas as nossas questões de bem-estar social e progresso econômico.

De mim, direi somente que servir a causa do povo é a minha vocação.

Por isso, o meu destino é a vida pública.

Muito obrigado.

ANEXO II: OBRAS DE PAULO MALUF

Prefeito de São Paulo: 1969–1971

1. Construiu 54 escolas e elevou o número de classes de 3 mil para 4,5 mil.
2. Aumentou o número de vagas escolares de 120 mil para 180 mil.
3. Reformulou o ensino no município adotando a obrigatoriedade da freqüência às aulas de crianças de 7 a 14 anos.
4. Deu início às obras do Metrô no trecho Norte–Sul (Santana–Jabaquara).
5. Construiu a avenida Faria Lima, quadruplicando a capacidade da antiga rua Iguatemi, viabilizando um novo centro empresarial e habitacional na cidade de São Paulo.
6. Instalou na cidade 2 mil quilômetros de luminárias, o equivalente a cinco vias Dutra e 30 vias Anchieta.
7. Construiu 78 viadutos, pontes, passagens, pontilhões e passarelas numa extensão de 55 425 metros.
8. Pavimentou 1 346 973 metros quadrados de ruas e avenidas.

9. Construiu 88 231 metros de galerias pluviais.
10. Dragou, canalizou e desassoreou 182 084 metros de córregos.
11. Construiu o elevado Costa e Silva, o Minhocão, com 2 mil metros, em apenas 13 meses, ligando a praça Roosevelt ao largo Padre Péricles.
12. Construiu as avenidas marginais do Tietê e do Pinheiros, com a pavimentação de 60 quilômetros nas duas, por onde passam, hoje, mais de 700 mil veículos por dia. Quando as avenidas foram feitas, São Paulo possuía 500 mil veículos, hoje tem 6 milhões.
13. Duplicou a avenida Francisco Morato (Vila Sonia, Zona Oeste da cidade).
14. Construiu a ponte do Morumbi (Zona Sul).
15. Construiu a avenida Edgar Facó, no bairro da Freguesia do Ó.
16. Construiu a avenida Braz Leme, em Santana, Zona Norte.
17. Construiu a avenida Ordem e Progresso, na Barra Funda, Zona Oeste.
18. Construiu a avenida Santos Dumont, em Santana, Zona Norte (av. do Contorno).
19. Construiu a ponte de acesso à via Dutra, sobre o rio Tietê.
20. Construiu a ponte Aricanduva, sobre o rio Tietê, na Zona Leste.
21. Construiu o viaduto Conselheiro Carrão (viaduto Antonio Abdo), no Tatuapé, Zona Leste.
22. Construiu a avenida Juntas Provisórias, no Ipiranga, Zona Sul.
23. Construiu o viaduto junto à avenida Juntas Provisórias, sobre o rio Tamanduateí, fazendo a ligação da marginal do Tietê ao Ipiranga e ao ABC.

24. Construiu o viaduto Grande São Paulo, ligando a avenida do Estado ao município de São Caetano.
25. Construiu o viaduto Bresser, ligando o Belém ao bairro da Mooca, na Zona Leste.
26. Construiu o viaduto Guadalajara, no Belém, Zona Leste (largo Ubirajara).
27. Construiu o viaduto Mercúrio, Centro da cidade.
28. Construiu o viaduto 25 de Março, Centro.
29. Construiu o viaduto Eusébio Stevaux, no vale do Anhangabaú (por cima da av. 23 de Maio).
30. Construiu o viaduto Shuhei Uetsuka, no bairro da Liberdade (rua Galvão Bueno).
31. Construiu o viaduto Guilherme de Almeida, Centro da cidade (av. da Liberdade).
32. Construiu o viaduto Beneficência Portuguesa (sobre a av. 23 de Maio).
33. Construiu o viaduto Engenheiro Antonio Carvalho Aguiar (sobre a av. 23 de Maio).
34. Construiu todas as alças da av. 23 de Maio, cujo trecho central foi construído pelo prefeito Faria Lima.
35. Construiu a praça Roosevelt, iniciada na gestão Faria Lima em setembro de 1968, e concluída e inaugurada pelo prefeito Paulo Maluf em 25 de janeiro de 1970.
36. Construiu o viaduto Santo Amaro (sobre a av. Bandeirantes, na Zona Sul).
37. Construiu o viaduto dos Bandeirantes (sobre a avenida dos Bandeirantes, na Zona Sul).
38. Construiu o viaduto Oku Hara Koei, no Centro da cidade (sobre a via de ligação Leste–Oeste).
39. Construiu o viaduto Julio de Mesquita Filho, na Bela Vista (ligação Leste–Oeste).
40. Construiu o viaduto Perola Byington, na Bela Vista.

41. Construiu o viaduto Plínio de Queiroz, Centro (praça 14 Bis/av. 9 de Julho).
42. Reformou o viaduto Pacaembu, Zona Oeste (ampliado para seis faixas de tráfego).
43. Terminou e equipou o hospital municipal do Tatuapé.
44. Construiu 12 postos de saúde na periferia.
45. Construiu o viaduto Antártica, Sumaré, Zona Oeste.
46. Construiu o viaduto Pompéia, Zona Oeste.
47. Construiu o viaduto Miguel Mofarrej, Vila Leopoldina, Zona Oeste.
48. Construiu a av. Mofarrej.
49. Ampliou a avenida Nicolas Boer, Barra Funda, Zona Oeste.
50. Ampliou a avenida Marquês de São Vicente, Barra Funda, Zona Oeste.
51. Duplicou a avenida Rudge, Bom Retiro, Centro.
52. Ampliou a rua Padre José Maria, Santo Amaro, Zona Sul.
53. Construiu o complexo viário das avenidas Doutor Arnaldo com Rebouças, Paulista e rua Major Natanael, sob a rua da Consolação.
54. Realizou as obras da ligação Leste–Oeste, em menos de dois anos (ligação do largo Péricles/praça Roosevelt/parque D. Pedro II e Radial Leste).
55. Construiu a avenida dos Bandeirantes (Zona Sul), ligando a marginal do Pinheiros ao Jabaquara.
56. Construiu a av. Ricardo Jafet – Ipiranga (Zona Sul) – Córrego Água Funda.
57. Construiu a av. Cupecê (Zona Sul), ligando a av. Washington Luiz a Diadema.
58. Construiu vários trechos da Radial Leste até a Vila Matilde.

59. Construiu a nova av. Dr. Arnaldo, duplicando-a.
60. Construiu o viaduto Diário Popular na região do parque D. Pedro.
61. Construiu o viaduto 31 de Março na região do parque D. Pedro.
62. Construiu o viaduto do Glicério, na ligação Leste–Oeste com a Radial Leste.
63. Construiu o viaduto conhecido como Minhoquinha, na ligação Leste–Oeste, em cima do parque D. Pedro.
64. Construiu o Tobogã e ampliou o estádio municipal do Pacaembu.
65. Duplicou a avenida Ibirapuera, ligando o parque do Ibirapuera à av. Santo Amaro.
66. Construiu o viaduto Austregésilo de Athaide sobre a av. Vereador José Diniz.
67. Construiu o viaduto da rua Conselheiro Furtado sobre a ligação Leste–Oeste.
68. Construiu a garagem Alfredo Issa no Centro (praça Cásper Líbero).
69. Construiu a av. Engenheiro Caetano Álvares, ao lado do jornal *O Estado de S.Paulo*.
70. Construiu o viaduto do Café, na ligação Leste–Oeste (sobre a av. 23 de Maio).
71. Construiu o viaduto 13 de Maio com a av. Brigadeiro Luiz Antonio, na Bela Vista.
72. Construiu o viaduto São Carlos do Pinhal, em frente ao Masp.
73. Construiu balneários e piscinas para a periferia.
74. Construiu o Mercado Municipal da Penha.
75. Construiu o Mercado Municipal de Pinheiros.
76. Construiu o Mercado Municipal da Vila Mariana.
77. Construiu o Mercado Municipal de Sapopemba.
78. Construiu o Mercado Municipal da Vila Formosa

79. Construiu a passagem de nível da av. Dr. Arnaldo com a rua Cerro Corá.
80. Construiu a passagem de nível da av. São Gabriel com a av. Santo Amaro, por baixo da av. Brigadeiro Luiz Antonio.
81. Construiu a passarela sob o viaduto do Chá com estrutura esbelta, sem coluna central.
82. Construiu a passarela em frente ao Detran, na av. 23 de Maio.
83. Construiu a av. Gastão Vidigal, em frente ao Ceagesp.
84. Duplicou a av. Interlagos Zona Sul – entre a av. Rubem Berta e Interlagos.
85. Duplicou a av. São Miguel, na Zona Leste, ligando Penha a São Miguel Paulista.
86. Construiu parte da av. Aricanduva, na Zona Leste.
87. Construiu a Casa da Cultura da Penha.

Secretário dos Transportes do Estado de São Paulo: 1971–1975

88. Criou o Plano Rodoviário para a Interiorização do Desenvolvimento que construiu 20 mil quilômetros de estradas novas, beneficiando os 571 municípios da época.
89. Criou a Fepasa S/A, unificando as ferrovias do Estado de São Paulo para libertar o setor ferroviário de um déficit crônico. Fez a fusão da Estrada de Ferro Sorocabana, Mogiana, Paulista, Araraquarense e São Paulo/Minas.
90. Aumentou a capacidade operacional da Vasp com a ampliação de sua frota de jatos com mais 22 Boeings 737 e 2 Airbus A-300.

91. Ampliou os aeroportos de Barretos, Araçatuba, Presidente Prudente, Marília, São José do Rio Preto e Ribeirão Preto.
92. Asfaltou os aeroportos de Franca e Araraquara.
93. Construiu a rodovia dos Imigrantes no Planalto (duas pistas) com oito faixas de tráfego, na Baixada Santista (duas pistas), a interligação com a via Anchieta e 90% do trecho da primeira pista na serra.
94. Deu início à duplicação das rodovias Washington Luiz e Anhangüera.
95. Deu início à construção do Anel Rodoviário de São Paulo, com a aprovação do projeto executivo do trecho de 23 quilômetros ligando Jurubatuba a São Bernardo do Campo.
96. Inaugurou a eclusa no rio Tietê em Barra Bonita, dando início ao transporte fluvial no Estado de São Paulo.
97. São Paulo tinha 92 cidades sem acesso asfaltado às rodovias principais; todos os acessos foram construídos e asfaltados.
98. Asfaltou todas as estradas no Vale do Ribeira.
99. Retificou diversos ramais ferroviários nas antigas Mogiana e Paulista.
100. Construiu o ramal ferroviário de Juquiá a Cajati, no Vale do Ribeira, para transporte de minério e adubos.
101. Reequipou a Fepasa comprando 300 novas locomotivas da General Electric e mais de mil vagões
102. Reequipou o DER comprando 500 caminhões e diversos tratores e pás-carregadeiras.

Governador do Estado de São Paulo: 1979–1982

103. Criou o governo itinerante do Estado de São Paulo,

que atendeu 90% das solicitações comunitárias de um total de 4 070.

104. Arrecadou e distribuiu 25 milhões de peças de roupa em três anos através da Campanha do Agasalho.
105. Aumentou o número de professores no Estado de São Paulo para 192 450, instituindo o critério de habilitação e contratação por meio de concurso.
106. Construiu 992 escolas nos quatro anos de governo com 11 mil novas salas de aula, gerando 900 mil novas vagas para alunos.
107. Só nos dois últimos anos de seu mandato construiu e inaugurou uma escola por dia.
108. Ampliou 180 das escolas então existentes no estado.
109. Reformou 2 355 escolas urbanas.
110. Construiu 322 escolas rurais no interior do estado.
111. Na área da saúde, nas escolas, realizou 8 230 milhões de exames clínicos e 2 144 milhões de restaurações dentárias.
112. No setor da saúde fez uma revolução com a distribuição de 700 ambulâncias em todo o estado.
113. Foram aplicadas 45 milhões de vacinas anualmente na população durante seu governo.
114. Prestigiou os Jogos Regionais e os Jogos Abertos do Interior liberando verbas aos prefeitos.
115. Inaugurou e equipou o Instituto do Coração do Hospital das Clínicas (Incor), que é o hospital público de referência no mundo.
116. Em 1979 Paulo Maluf sugeriu ao dr. Eurícledes de Jesus Zerbini a criação de uma fundação para captação de recursos financeiros destinados ao Incor – Instituto do Coração. Os recursos orçamentários do estado eram insuficientes para a manutenção de um hospital de alta complexidade. Dessa forma, a

instituição, a partir da criação da Fundação Zerbini, inovou com o atendimento de pacientes privados que pagam, e ampliou o ato direto daqueles que vêm do SUS – Sistema Único de Saúde. Além disso, a Fundação Zerbini passou a captar recursos financeiros alternativos para o desenvolvimento de ensino e pesquisa e pôde pagar salários melhores a médicos e demais funcionários.

117. Dobrou o atendimento na rede hospitalar do Estado de São Paulo.
118. Equipou e colocou em funcionamento o Instituto de Ambulatórios no Hospital das Clínicas.
119. Instalou 5 340 quilômetros de novas redes de distribuição de água e 2 236 quilômetros de redes de esgoto.
120. Levou a ação e o trabalho da Sabesp para 291 cidades de São Paulo, substituindo os precários serviços de água e esgoto que havia nesses municípios.
121. Investiu 1 bilhão de dólares na captação, tratamento e distribuição de água tratada.
122. Construiu o Sistema Cantareira, que previa um fluxo de 33 metros cúbicos de água por segundo. Isso representa o abastecimento de 50% da Grande São Paulo, ou seja, 10 milhões de habitantes.
123. Iniciou a fluoretação científica de água tratada pela Sabesp em 235 cidades, abrangendo 80% da população e diminuindo o índice de cáries na população do Estado de São Paulo.
124. Concluiu as obras de aproveitamento das águas dos rios Juqueri, Cachoeira e Atibaia.
125. Concluiu as represas dos rios Jaguari e Jacareí, para formar um conjunto de abastecimento de água com quatro grandes represas, 48 quilômetros de túneis e canais e uma elevatória de 80.000 HP.

126. Inaugurou a adutora Cantareira–Zona Leste para levar 11 mil litros de água por segundo até o reservatório da Mooca, o maior do Brasil, situado a 20 quilômetros de distância – Sistema Guaraú–Mooca.
127. Construiu em Santos, no morro de Santa Therezinha, a maior caixa d'água da América Latina, acabando com o crônico problema do desabastecimento na Baixada Santista.
128. Prosseguiu e acelerou as obras do sistema Sanegran para coleta de resíduos de esgoto da Grande São Paulo.
129. Construiu a estação de tratamento de esgoto de Suzano.
130. Quando saiu do governo do Estado, deixou em construção mais duas estações de tratamento de esgoto: a do ABC e o gigantesco Sistema de Barueri.
131. Criou o Parque Ecológico do Tietê, com mais de 100 quilômetros quadrados de extensão.
132. Retificou o curso do rio Tietê e evitou as crônicas enchentes provocadas por esse rio junto com o rio Tamanduateí.
133. Aumentou para 10 metros quadrados o número de área verde por habitante do Estado de São Paulo.
134. Ampliou o Pró-Nutri, programa encarregado de combater a desnutrição em São Paulo. No programa foram beneficiados 421 452 menores com 6 882 260 quilos de alimentos.
135. Criou o programa Pró-Jovem para despertar o interesse dos jovens pelos problemas sociais e por esportes.
136. Criou o programa Pró-Idoso para captar recursos para o atendimento de pessoas idosas.
137. Ampliou o Plimec – Plano de Integração do Menor e da Família na Comunidade.

138. Instituiu 99 Conselhos Municipais de Ação Social – CMS em municípios do estado.
139. Realizou milhares de cursos de formação de mão-de-obra.
140. O setor de orientação trabalhista e previdenciária da Secretaria do Trabalho, em seu governo, atendeu 1 048 400 trabalhadores.
141. Realizou 11 604 vistorias e determinou 17 534 inspeções em fábricas e empresas, combatendo a poluição.
142. Em seu governo foram feitas 308 doações de aparelhos odontológicos e médicos, remédios e materiais esportivos e escolares para 225 entidades sindicais.
143. Durante o seu mandato como governador foram construídos os diversos Centros de Lazer do Trabalhador e mais de 400 piscinas e quadras esportivas para a população do interior.
144. Instituiu os Jogos Metropolitanos do Trabalhador, o Campeonato Intersindical de Futebol e a Copa 1º de Maio de Futebol de Salão para os trabalhadores.
145. O Governo do Estado, em seu mandato, construiu 211 mil novas casas, beneficiando mais de 1 milhão de pessoas.
146. Criou, através da Secretaria da Agricultura, os "varejões", "mercadões" e "atacadões" para o abastecimento direto produtor–população. Baixou preços dos alimentos, eliminando o atravessador.
147. Construiu o Terminal Rodoviário do Tietê, o maior da América Latina, viabilizando o acesso rodoviário com dignidade para todo o Brasil e para o Exterior.
148. Ajudou na construção de mais de uma centena de terminais rodoviários no interior.
149. Construiu os terminais rodoviários de Franca e Araraquara.

150. Instalou o 3º trilho da Fepasa na antiga Sorocabana, ligando Campinas, Salto do Tietê, Sorocaba, Mairinque, Engenheiro Marcilaque, pela Serra do Mar até o Porto de Santos. Isso permitiu o escoamento de carga por trilhos de simples aderência em vez do sistema cremalheira da Santos–Jundiaí.
151. Melhorou a malha ferroviária da Grande São Paulo quando comprou e colocou em uso novos trens de subúrbio.
152. Ampliou a rede retransmissora da TV Cultura de 8 para 51 estações e mais 83 repetidoras, permitindo que 22 milhões de pessoas tivessem acesso aos programas culturais da emissora em todo o Estado de São Paulo e sul de Minas.
153. Criou o Festival de Verão, no Guarujá.
154. Incentivou o Festival de Inverno, em Campos do Jordão.
155. Inaugurou o auditório Claudio Santoro em Campos do Jordão e desenvolveu o Plano de Estímulo à Cultura.
156. Construiu oito Ceasas em São José do Rio Preto, Bauru, Sorocaba, Ribeirão Preto, Presidente Prudente, Marilia, Araçatuba e Araraquara. E deixou cinco em construção em Franca, Santos, Guaratinguetá, Piracicaba e São José dos Campos.
157. Organizou a implantação de mercadões na Água Funda, Bresser, Vila Maria, Freguesia do Ó, Santo Amaro, Tatuapé, Santana, Itaquera, Pirituba, Carandiru, Guaianazes, Guarulhos e Carapicuíba.
158. Criou mediante lei a Secretaria da Cultura, tendo como 1º secretário Antonio Henrique da Cunha Bueno.
159. Estimulou os Festivais de Música Sertaneja, de Primavera, de Outono, Estudantil de Teatro e de Música de Praia.
160. Em seu governo foram distribuídas 5 milhões de merendas escolares diárias.

161. Introduziu a merenda escolar nas férias e o leite de soja passou a fazer parte do cardápio das crianças. O governo distribuiu gratuitamente vacas mecânicas aos prefeitos.
162. Diminuiu em quase pela metade (49,2%) os casos de furtos em São Paulo.
163. Aumentou o quadro da Polícia Militar para 60 193 homens.
164. Construiu novas penitenciárias.
165. Incorporou novas viaturas à frota da Polícia Civil e da Polícia Militar.
166. Colocou a Rota na rua – deu segurança na periferia da Grande São Paulo.
167. Adotou a informática, que elevou para 78,6% a localização de veículos roubados.
168. Reformou e ampliou o parque do Zoológico.
169. Reformou as estâncias de água de Santa Bárbara, Lindóia, Monte Alegre do Sul, Águas Claras, Serra Negra (onde construiu um dos maiores auditórios do interior), Ibirá, Águas de São Pedro, Iguape e Peruíbe.
170. Construiu os aeroportos de Assis, Avaré e Sorocaba.
171. Em três anos, 150 mil alunos das escolas de 1º e 2º graus participaram de excursões culturais oferecidas pela administração estadual.
172. Construiu a rodovia dos Trabalhadores, hoje rodovia Ayrton Senna, ligando São Paulo, Guarulhos (aeroporto de Cumbica), Itaquaquecetuba, Ferraz de Vasconcelos, Poá, Suzano, Mogi das Cruzes e Guararema.
173. Construiu duas pontes do Mar Pequeno entre os municípios de Praia Grande e São Vicente, acabando com o rotineiro engarrafamento de trânsito na antiga ponte pênsil.
174. Construiu o Corredor Norte, que liga a via Anchieta na Baixada Santista diretamente ao Porto de Santos.

175. Prolongou em 70 quilômetros a extensão da rodovia Castelo Branco, entre o trevo de Avaré–São Manuel a Águas de Santa Bárbara, Santa Cruz do Rio Pardo, Ourinhos.
176. Construiu a estrada Mogi–Bertioga, ligação entre o Vale do Paraíba e Litoral Norte do estado, junto com a prefeitura de Mogi das Cruzes, dirigida por Valdemar da Costa Filho.
177. Recapeou as vias Anchieta e Anhangüera.
178. Construiu a ponte ligando o continente à cidade de Cananéia (desafio secular).
179. Construiu mais de 30 estradas vicinais, num total de 600 quilômetros, para escoar a produção do Pontal do Paranapanema.
180. Construiu 10 mil quilômetros de novas rodovias, incluindo a construção das terceiras-faixas em rodovias já existentes.
181. Duplicou a rodovia Campinas–Jaguariúna.
182. Duplicou a rodovia Jaguariúna–Mogi-Mirim.
183. Duplicou a rodovia Mogi-Mirim–Mogi-Guaçu
184. Duplicou a rodovia Raposo Tavares até Cotia e construiu passarelas.
185. Construiu as estações do Metrô Bresser, D. Pedro, Belém, Tatuapé e República.
186. Deixou concluídas 90% das obras da estação Santa Cecília do Metrô.
187. Remodelou o trecho Osasco–Pinheiros da Fepasa, com novos trens de subúrbio.
188. Iniciou a obra da usina hidrelétrica de Porto Primavera no rio Tietê, com 1.800.000 kw.
189. Iniciou a obra da usina hidrelétrica de Rosana e Taquaruçu no rio Paranapanema, com 330.000 e 550.000 kw, respectivamente.

190. Iniciou a obra da usina hidrelétrica de Três Irmãos no rio Tietê, com 1.200.000 kw.
191. Construiu a usina de Nova Avanhandava, a única no Brasil iniciada e inaugurada no mesmo mandato, com 330.000 kw.
192. Construiu o canal de Pereira Barreto, ligando o rio Tietê ao rio Paraná para aumentar a capacidade de fornecimento de energia da Usina de Ilha Solteira (1.200.000 kw/h de energia-firme).
193. Criou o programa Luz para a Periferia, para fornecimento de energia elétrica a consumidores de baixa renda e ligações elétricas nas escolas rurais.
194. Ampliou em mais de 600 quilômetros as eletrificações rurais.
195. Criou a Eletropaulo (espólio da antiga Light, SP), que se tornou a maior distribuidora de energia elétrica do país, beneficiando a população da Grande São Paulo e Vale do Paraíba.
196. Criou a Paulipetro, que pesquisou e perfurou petróleo e gás na bacia do Paraná e projetou pesquisas e perfuração *off-shore* na bacia de Santos.
197. Desenvolveu e liderou a pesquisa nacional de fontes alternativas de energia (luz solar, madeira, xisto, turfa, vinhoto e óleo vegetal, metanol e etanol).
198. Criou a Secretaria da Indústria e do Comércio.
199. Criou a Secretaria da Desburocratização.
200. Duplicou a rodovia Anhangüera de Ribeirão Preto até São Joaquim da Barra.
201. Deu início às obras necessárias para a navegação fluvial do rio Tietê.
202. Canalizou e cobriu com um tampão o rio Tamanduateí, acabando com as enchentes na avenida do Estado e na área do Mercado Municipal.

203. Construiu a av. Salim Farah Maluf, ligando o bairro da Água Rasa, cortando o bairro do Tatuapé, até a marginal do Tietê.
204. Duplicou a av. Parelheiros, hoje av. Teotônio Vilella, de Interlagos até a estrada de Jaceguai.
205. Construiu a marginal direita do rio Pinheiros, entre a ponte do Morumbi e a av. João Dias.
206. Construiu a av. Fuad Lutfalla, na zona nordeste, ligando a marginal direita do Tietê à Zona Norte.
207. Construiu a av. Luiz Ignácio de Anhaia Mello, ligando a av. do Estado às regiões da Vila Prudente, Parque São Lucas até Sapopemba, na Zona Leste.

Prefeito de São Paulo: 1993–1996 (2ª gestão)

208. Implantou o Projeto Cingapura, de verticalização e urbanização das favelas, beneficiando mais de 100 mil moradores, proporcionando habitação digna, através da compra dos apartamentos com prestações mensais, pagas por eles, que não ultrapassavam 20% do salário mínimo. Nos quatro anos de sua gestão foram entregues 20 mil apartamentos (58 favelas).
209. Criou e implantou o PAS – Plano de Atendimento à Saúde, que passou o gerenciamento de hospitais e postos de saúde municipais a cooperativas de médicos e funcionários públicos, imprimindo eficiência ao então sistema municipal de saúde. O programa, pela sua eficiência, recebeu menção honrosa do Harvard Medical International e da Conferência sobre Serviços de Saúde para a China do Amanhã. No término da administração de Paulo Maluf, o PAS foi aprovado, em várias pesquisas, por mais de 90% da população.

210. No setor da saúde foi ampliado, em seu governo, o número de leitos hospitalares em São Paulo de 1 796 para 3 630, graças, principalmente, à implantação do PAS.
211. Com empréstimo de 300 milhões de dólares do Banco Interamericano de Desenvolvimento – BID, a administração de Paulo Maluf canalizou cerca de 26 córregos da periferia de São Paulo, acabando com as enchentes.
212. Foram canalizados os córregos Monguagá (av. Milene Elias – Ermelino Matarazzo), Aricanduva (Zona Leste), Mandaqui (Zona Norte – av. Eng. Caetano Álvares), Franquinho (Zona Leste), Machados (Zona Leste), Itaquera (Zona Leste), Uberaba Itaim (Zona Sul), Uberabinha Itaim (Zona Sul), Zavuvus (Zona Sul).
213. Criou e implantou o Programa Guarapiranga, com várias obras de recuperação urbana e urbanização de favelas na bacia do Guarapiranga, uma das áreas mais carentes da cidade. Com recursos do BID e do governo, cerca de 200 mil pessoas foram beneficiadas e a ação foi fundamental para despoluição da bacia que abastece com água um quarto da população de São Paulo.
214. Implantou o Programa Bairro a Bairro, pelo qual mensalmente a Prefeitura concentrava esforços de todas as suas secretarias para solucionar problemas de áreas específicas da cidade, como asfaltamento de ruas e avenidas, desobstrução de bueiros e bocas-de-lobo, plantio de mudas de árvores, além de auxílio médico e jurídico à população.
215. Criou a Secretaria do Verde e Meio Ambiente.
216. Implantou inovador programa plantando 1 milhão de árvores na cidade de São Paulo.

217. Criou e implantou o Programa Leve Leite na rede municipal de ensino, com a entrega mensal de dois quilos de leite em pó (14 litros) aos alunos que freqüentassem 90% das aulas mensais em suas escolas. Com isso a prefeitura minimizou na cidade dois grandes problemas de todo o país, a subnutrição e a evasão escolar.
218. Abriu 100 mil vagas escolares na cidade, com a inauguração de 112 novas escolas e reforma completa em outras 160. O número de salas de aula cresceu em seu governo de 6 452 para 7 123, aumento de 11,7% em relação à administração anterior.
219. Instalou 150 novas creches, mais de 40% do que no governo anterior da cidade. O gasto *per capita* foi aumentado de 89 para 108 dólares. Metade das creches existentes foi totalmente reformada e ampliada.
220. Construiu a avenida Jacu-Pêssego, maior obra de sua segunda administração como prefeito. São 17 quilômetros de extensão, oito faixas de tráfego, para facilitar o acesso da Zona Leste da cidade ao pólo industrial do ABC, na Grande São Paulo; seis grandes viadutos.
221. Construiu a avenida Águas Espraiadas (hoje Jornalista Roberto Marinho), com 17 quilômetros, eliminando a enorme favela que havia no lugar. Da obra constam também um piscinão e vários viadutos ligando a marginal esquerda do rio Pinheiros ao bairro do Jabaquara.
222. Construiu o complexo viário Ayrton Senna, conjunto de túneis sob o parque do Ibirapuera, na Zona Sul.
223. Construiu o túnel Jânio Quadros sob o rio Pinheiros, na Zona Sul.
224. Construiu o túnel Sebastião Camargo sob o rio Pinheiros, na Zona Sul.

225. Construiu os túneis Tribunal de Justiça de São Paulo, sob o cruzamento das avenidas Santo Amaro e Juscelino Kubitschek, na Zona Sul.
226. Construiu a avenida Nova Faria Lima, prolongamento de uma das mais importantes avenidas de São Paulo, que levou extraordinário desenvolvimento à região, com a construção, posteriormente, de inúmeros prédios comerciais que geram dezenas de milhares de empregos. No local preservou um antigo jatobá rosa que se encontrava no traçado da avenida.
227. A avenida Faria Lima foi construída com verba vinda do Cepac – Certificado Potencial de Adicional de Construção, criado na administração Paulo Maluf, pelo qual quem estivesse interessado na construção de imóveis na região além do tamanho permitido pagava por isso à prefeitura. A construção da avenida, com esse mecanismo, foi feita a custo zero, pois a verba advinda da venda dos certificados do Cepac, por lei, só podia ser aplicada na própria avenida.
228. Construiu a passagem subterrânea Tom Jobim, que acabou com os eternos congestionamentos no trânsito da avenida Tiradentes e Prestes Maia, com a av. Senador Queiros, um dos grandes gargalos do trânsito na região central da cidade.
229. Construiu o complexo viário Maria Maluf, para integrar o Minianel Rodoviário, rota alternativa para retirar o trânsito pesado de caminhões da região central e interligar 11 rodovias que chegam à cidade – liga a av. dos Bandeirantes a av. Tancredo Neves.
230. Construiu o complexo viário Sacomã (Escola de Engenharia Mackenzie), destinado a facilitar o acesso às rodovias Imigrantes e Anchieta. São cinco viadutos, quatro passarelas e uma passagem de nível.

231. Construiu a ponte Julio de Mesquita Neto, sobre o rio Tietê, interligando os dois lados da avenida marginal, ligando a Barra Funda ao bairro do Limão.
232. Construiu o complexo viário Eusébio Matoso (passagem subterrânea Eurícledes de Jesus Zerbini e ponte Bernardo Goldfarb) sobre o rio Pinheiros.
233. Construiu o viaduto da Mooca, ligando por cima da estrada de ferro os bairros do Brás e Mooca.
234. Construiu os viadutos Ulysses Guimarães e Mora Guimarães sobre a estação de trem de Perus, Zona Oeste.
235. Construiu a avenida Carlos Caldeira Filho, canalizando o córrego Morro do S, numa nova via paralela à av. Itapecerica.
236. Construiu a ponte Bernardo Goldfarb sobre o rio Pinheiros.
237. Construiu as arquibancadas do sambódromo paulistano.
238. Ampliou a marginal direita do rio Pinheiros de quatro para sete faixas de tráfego, defronte à Cidade Universitária e ao Jóquei Club.
239. Construiu a av. Telêmaco Van Langendonck, continuação da av. Carlos Caldeira Filho.
240. Construiu parte da ponte Transamérica (João Dias) sobre o rio Pinheiros.
241. Construiu o primeiro piscinão (reservatório para a contenção de águas da chuva) da cidade, no Pacaembu, acabando com as enchentes na avenida Pacaembu.
242. Construiu o Terminal de Ônibus João Dias, no Jardim São Luiz, Zona Sul.
243. Construiu o Terminal de Ônibus do Parque D. Pedro II, o maior da América Latina
244. Construiu outro terminal na mesma região, para beneficiar o turismo de compras da rua 25 de Março e do Brás.

245. Construiu o Terminal de Ônibus Praça da Bandeira, beneficiando os usuários do vale do Anhangabaú.
246. Construiu o Terminal de Ônibus Vila Nova Cachoeirinha.
247. Implantou o corredor de ônibus Vila Nova Cachoeirinha/Inajar de Souza, até a av. Rio Branco, Centro da cidade.
248. Construiu o Terminal de Ônibus da Penha.
249. Projetou o Terminal de Ônibus Cidade Tiradentes.
250. Iniciou as obras dos terminais de ônibus Princesa Isabel e Capelinha.
251. Recuperou o corredor de ônibus Santo Amaro–Avenida 9 de Julho.
252. Duplicou a estrada M'Boi Mirim, no Jardim São Luiz, Zona Sul.
253. Duplicou a estrada de Itapecerica, no Campo Limpo, Zona Sul.
254. Construiu o viaduto José Colassuono, no Ipiranga, Zona Sul.
255. Construiu o viaduto Cassiano Gabus Mendes, São Miguel Paulista, Zona Leste.
256. Duplicou a avenida Marechal Tito, Itaim Paulista, Zona Leste, beneficiando toda a região de São Miguel e Itaim Paulista.
257. Construiu o viaduto República da Armênia, Zona Sul, ligando diretamente a av. dos Bandeirantes à marginal do Pinheiros.
258. Construiu a avenida Hélio Pelegrino, ligando a av. Nova Faria Lima à av. República do Líbano, em Moema, Zona Sul.
259. Construiu a avenida Nova Funchal, no Itaim, Zona Sul, denominada Chedid Jafet, integrando a região pela av. Henrique Chamma, ao lado do Parque do Povo.

260. Construiu a avenida Escola Politécnica (córrego Jaguaré), ligando a rodovia Raposo Tavares à marginal direita do rio Pinheiros.
261. Construiu a passagem de desnível da avenida Cândido Portinari, Pirituba, Zona Norte, por baixo da via Anhangüera.
262. A administração Paulo Maluf foi a primeira a instalar laboratórios de informática nas escolas da rede municipal de ensino. Somente nos dois últimos anos de governo, quando o programa foi implantado, mais de 400 laboratórios foram instalados nas unidades escolares do município.
263. Por lei municipal, a administração Paulo Maluf instituiu, pela primeira vez no país, a obrigatoriedade do uso de cinto de segurança dos veículos. A iniciativa reduziu drasticamente o número de acidentes com morte em toda a cidade de São Paulo. Posteriormente, a obrigatoriedade do cinto de segurança foi estendida a todo o país.
264. Foi pioneiro mundial no combate aos males causados pelo fumo, não permitindo o consumo de cigarros em bares, restaurantes e prédios públicos. Como o cinto de segurança, essa medida foi aprovada depois pelo Governo Federal.
265. Privatizou a CMTC (Companhia Municipal de Transportes Coletivos), acabando com as despesas de 500 milhões de dólares por ano. Dinheiro da prefeitura que era jogado no ralo do desperdício.

Maluf com os pais, Salim Farah Maluf e Maria Estefano Maluf, e os irmãos, da esquerda para a direita: Terezinha Maluf Chamma, Roberto Maluf, Lorice Maluf, o próprio e Nelly Maluf Jafet

Primeira comunhão na igreja do Espírito Santo, em 1941

Na Faculdade Politécnica da USP, onde ingressou com 18 anos e se formou em 1954

Paulo e Sylvia casaram-se na Catedral Metropolitana de São Paulo, em 1955, em cerimônia celebrada pelo cardeal Carlos Carmelo de Vasconcelos Motta

Dona Maria Maluf, a matriarca: nos almoços familiares, ela ocupava sempre a cabeceira, mesmo quando o filho era governador

Na comemoração das Bodas de Ouro do casal: Paulo, Sylvia e os quatro filhos, dois genros, nora e treze netos

Maluf, prefeito pela primeira vez, com o governador Abreu Sodré, no lançamento das obras do trecho Norte do metrô, em 1969

Cláudio Lembo, presidente da Arena paulista, anuncia a vitória de Maluf na convenção que o indicou candidato a governador, em 1978

A cúpula da Arena reunida, em 1984, para tratar da eleição presidencial. Ao microfone, José Sarney. Na primeira fila: Petrônio Portela, Aureliano Chaves, João Figueiredo, Jarbas Passarinho e Nelson Marquezan

Os senadores Jorge Bornhausen e Antonio Carlos Magalhães levam seu apoio à candidatura de Maluf a governador de São Paulo, em 1998

Com o presidente Ronald Reagan, em Washington

Com Bill Clinton, em audiência especial no Salão Oval da Casa Branca

Ao lado de Dona Sylvia, Maluf recebe o papa João Paulo II em São Paulo

Em 1970, a avenida Faria Lima, construída e inaugurada por Maluf. Vêem-se, à esquerda, o Clube Pinheiros e, mais adiante, o então recém-inaugurado shopping Iguatemi

No primeiro mandato de prefeito Maluf inaugurou a marginal Pinheiros, na foto entre as pontes Eusébio Matoso e Cidade Jardim

A rodovia dos Imigrantes foi construída e inaugurada quando Maluf era secretário dos Transportes do governo do Estado

As duas pontes do Mar Pequeno, obras do governador Maluf, desafogaram o tráfego da velha ponte pênsil

A rodovia Ayrton Senna, originalmente rodovia dos Trabalhadores, inaugurada em 1º de maio de 1982, foi construída pelo governador Maluf, no trecho São Paulo-Guararema.

A usina de Porto Primavera faz parte de um conjunto de obras hidrelétricas do governo Maluf, que incluía as unidades de Rosana, Taquaruçu, Três Irmãos e Nova Avanhandava

O Sistema Cantareira, também do governo Maluf, é responsável ainda hoje por 50% do abastecimento de água da Grande São Paulo

O Projeto Cingapura, obra do segundo mandato de Maluf na prefeitura paulistana, construiu 20 mil apartamentos em 58 favelas

O complexo viário do Sacomã, no Ipiranga, é integrado por cinco viadutos, uma passagem de nível e quatro passarelas

Construído também no segundo mandato do prefeito Maluf, o complexo viário Ayrton Senna liga a av. 23 de Maio à av. Juscelino Kubitschek, passando por baixo do lago do Parque do Ibirapuera

A av. Água Espraiada, atual Roberto Marinho, liga a marginal Pinheiros ao bairro do Jabaquara

O complexo viário Maria Maluf integra o minianel rodoviário, ligando a av. dos Bandeirantes à av. Tancredo Neves

Considerada a maior obra do segundo mandato de Maluf na prefeitura, a av. Jacu Pêssego, que liga a zona Leste ao pólo industrial do ABC, tem dezessete quilômetros de extensão, oito faixas de tráfego e seis viadutos